비텐베르크에서 도르트까지

비텐베르크에서 도르트까지

초판 1쇄 2018년 11월 13일

발 행 인	정창균
지 은 이	헤르만 셀더하위스
옮 긴 이	김병훈 류성민 안상혁 이남규 이승구
펴 낸 곳	합동신학대학원출판부
주 소	16517 수원시 영통구 광교중앙로 50 (원천동)
전 화	(031)217-0629
팩 스	(031)212-6204
홈페이지	www.hapdong.ac.kr
출판등록번호	제22-1-2호
인 쇄 처	예원프린팅 (031)902-6550
총 판	(주)기독교출판유통 (031)906-9191

ISBN 978-89-97244-60-7
값은 뒷표지에 있습니다.

「이 도서의 국립중앙도서관 출판예정도서목록(CIP)은 서지정보유통지원시스템 홈페이지(http://seoji.nl.go.kr)와 국가자료종합목록시스템(http://www.nl.go.kr/kolisnet)에서 이용하실 수 있습니다. (CIP제어번호 : CIP2018035403)」

비텐베르크에서 도르트까지

헤르만 셀더하위스 지음
김병훈 외 4명 옮김

합동신학대학원출판부

머리말

길고 풍부한 신학 역사에서 16세기와 17세기는 가장 중요한 역할을 합니다. 마틴 루터가 은혜의 복음을 재발견해서 성경을 새롭게 공부하는 일에 불을 붙이자 교회가 꽃을 피웠습니다. 그리고 회중을 섬기는 일에 중점을 둔 신학이 풍요로워졌습니다. 저는 이 시기를 연구하고 글을 써서, 2016년 11월에 한 주간 동안 합동신학대학원대학교 학생들과 또 루터와 칼빈의 신학에 관심이 있는 모든 분들에게 그 내용을 알려드릴 수 있어서 기뻤습니다. 이 책의 논문과 강연을 출판하도록 제안해 주신 합동신학대학원대학교에 감사를 드립니다. 합동신학대학원대학교는 종교개혁과 개혁파정통주의 역사와 신학에 대한 뛰어난 연구중심지로 발전했습니다. 그리고 이것은 이 시기에 대한 연구가 교회에 근본적으로 중요하다는 확신에서 나왔습니다. 이 책이 목회자뿐만 아니라 더 잘 봉사하고자 더 많이 배우기를 원하는 교회의 모든 분을 북돋아 주기를 기도합니다.

이 책은 합동신학대학원대학교의 도르트 신경 400주년 기념 프로젝트의 일환으로 출판됩니다. 비텐베르크와 도르트는 직선으로 연결됩니다. 루터의 종교개혁이 선포하려했던 은혜에 의한 구원을 도르트 총회가 지켜내려 했다는 점에서 그렇습니다. 1618/19년의 도르트 회의가 지키려한 것은 1517년에 선포된 바로 그것이기 때문입니다. 곧 깊이 타락한 죄인들을 위한 하나님의 부요하고 자유로운 은혜의 메시지입니다.

이런 점에서 합동신학대학원대학교가 도르트 신경 400주년을 맞아 그 역사와 신학을 이 시대 교회에 널리 알리고 지속해서 가르치는 일을 학교의 중요한 프로젝트로 결정하여 진행하는 것은 매우 의미 있고 가치 있는 일입니다.

하나님께 영광이!

2018년 11월 13일
400년 전 도르트 회의가 시작한 날

헤르만 셀더하위스
아펠도른 신학대학교 총장

목 차

· 머리말 · 004

1. 루터: 하나님을 찾는 사람 ……………………… 008
   번역 **안상혁**

2. 거룩한 수액 ……………………………………… 046
   : 베르미글리의 기도에 나타난 영성   번역 **이승구**

3. 마르틴 부써와 목회 사역 ……………………… 082
   번역 **김병훈**

4. 우리는 항상 죽음을 향해 가고 있다 ·············· 114
　: 죽음과 죽어감에 대한 칼빈의 견해　　　　　번역 **이승구**

5. 16세기 개혁주의 "교리" ································ 146
　　　　　　　　　　　　　　　　　　　　번역 **이남규**

6. 16·17세기 네덜란드 칼빈주의의 문화와 사회 ·········· 180
　　　　　　　　　　　　　　　　　　　　번역 **류성민**

7. 도르트 총회의 역사와 신학 ······························ 210
　　　　　　　　　　　　　　　　　　　　번역 **안상혁**

HERMAN J. SELDERHUIS

01

루터:
하나님을 찾는
사람

I. 루터의 두려움

"나는 어린 시절부터 그리스도의 이름이 언급될 때마다 얼굴이 창백해지며 두려움을 느꼈다. 왜냐하면 그 분을 엄격하고 진노하는 심판자로 바라보아야 하는 것 이외에는 배운 적이 없기 때문이다." (WA 40/1, 298)

루터의 종교개혁을 제대로 이해하길 원한다면 우리는 그의 영적인 순례의 여정을 따라가 보아야 한다. 여정이 시작된 시기의 특징은 '두려움'이었다. 당시 많은 이들이 하나님에 대해 가졌던 태도이다. 가장 큰 질문, 곧 수많은 젊은이나 늙은이 모두를 사로잡았던 화두는 이 질문이었다. "과연 당신은 하나님이 받으시는 영적인 선을 충분히 행할 수 있는가? 비록 당신이 선행을 수행한다 해도 여전히 당신의 죄가 그 수효에 있어 선행을 능가하지 않는가?" 그들은 분투하며 고민했다. "당신은 예정된 자에 속했는가, 아닌가? 당신은 과연 지옥에서 한없는 시간을 보내지 않고 천국에 갈 수 있겠는가?" 한편 그리스도는 구원자라기보다는 오히려 좀 더 자주 심판주의 모습으로 제시되고 있었다. 이 때문에 사람들은 그리스도를 멀리하게 되었다.

교황제 아래서 사람들로 하여금 그리스도로부터 도망치도록 가르친 것은 엄청난 스캔들이다. 나 역시 그리스도의 이름이 언급되는 것조차 싫어했을 정도였다. 그들은 나에게 이렇게 가르쳤다. "네가 지은 죄에 대해 너 스스로 보속을 마련해야 한다. 그리고 최후심판 날 그리스도께서는 이렇게 너에게 물으실 것이다. '과연 너는 얼마나 십계명을 잘 지켰는가? 과연 네가 갖춘 요건은 무엇인가?'" 누군가 그리스도의 이러한 모습을 나에게 알려줄 때마다 나는 그 분을 두려워했다. 그 앞에서 그 분의 심판을 견디지 못하는 나는 마치 스스로 마귀와 같다고 느꼈다.(WA 41, 197-198)

루터는 20대 초반에 두 가지 중요한 일을 겪었다. 첫째는 뇌우를 만나 거의 죽을 뻔했던 사건이다. 다른 하나는 그가 수도원에 들어가게 되었다는 사실이다. 루터는 법학도였다. 그러나 그것이 루터를 만족시키지 못했다. 그가 갈구하는 바를 제공하지 못했던 것이다. 7월 2일, 루터는 만스펠트에 계신 부모님을 방문한 후, 에어푸르트로 돌아오는 길이었다. 에어푸르트와 6킬로미터 정도 떨어진 스토터하임 부근에 도착했을 때, 루터는 아주 심한 폭풍우를 만났다. 천둥과 번개가 너무 심하게 쳐서 루터는 생명의 위협을 느끼며 두려워했다. "급사(急死)에 대한 두려움"이었다. 갑작스런 죽음으로 미처 충분히 준비되지 못한 상태로 하늘과 땅의 심판주 앞에 서게 될 것에 대한 두려움이었다. 루터 바로 곁으로 다시 한 번 번개가 떨어지자 그는 성 안나의 도움을 구했다. 성 안나는 마리아의 어머니였던 것 같다. 루터는 성 안나가 이 끔찍한 날씨로부터 자신을 구해 준다면 앞으로 수도사가 되겠다고 약속했다. 적어도 이런 내용의 이야기가 널리 알려져 있다.

그런데 이것은 역사적 사실에 정확하게 부합할까? 좀 더 정확히 말하자면 루터는 부모님 집에 방문했을 때 벌써 자기가 수도사가 되길 원한다는 이야기를 꺼냈을 것으로 생각된다. 그리고 폭풍우를 만났을 때 그는 이 소원을 분명한 서원으로 확실히 했던 것 같다. 루터가 30년이 지난 시점에서 말한 증언에 따르면 루터는 안나에게 이렇게 간구했다. "성 안나여 나를 도우소서. 저는 수도사가 되길 원합니다." 여하튼 루터는 수도사가 되기를 이미 원하고 있었다. 따라서 스토터하임에서 비에 쫄딱 젖고 죽을 만큼 두려워하던 바로 그 때 그 장소에서 (처음 수도사가 되기로) 결정을 내렸다고 가정하는 것은 옳지 않다. 성 안나에게 도움을 구한 때보다 앞선 시기에 하나님 앞에서 자신의 죄책감을 씻어 버리기 위해 로마 가톨릭 교회의 성직자가 되는 것을 고려하고 있었기 때문이요 또한 매우 적절하지 않은 때에 자신에게 죽음이 찾아올 수 있겠다는 생각을 했었기 때문이다. 겉으로 보기에 안나가 루터의 간구를 수긍한 것은 틀림없어 보인다. 루터는 생명을 보존했고 이것이 그로 하여금 수도원에 들어가는 것을 확증하는 표가 되었기 때문이다.

루터는 왜 마리아가 아닌 안나에게 기도했던 것일까? 안나는 광부들의 수호성인이었다. 루터는 집에서 자랄 때 위급한 일이 닥치면 안나에게 기도하라고 배웠을 것이라고 추측해볼 수 있다. 그런데 루터는 일 년 전엔 마리아에게 기도한 적도 있다. 실수로 자기 단검 위로 넘어져 다친 적이 있을 때 그랬다. 그 때는 루터가 집을 향해 가는 중이었다. 그런데 오늘은 집을 떠나서 오는 중이었다. 그 사이에 집을 한 번 더 방문한 것을 계기로 루터는 성 안나와 좀 더 가까워진 것이었을까? 아마도 루터는 실제로 안나에게 기도하지 않았을 가능성 또한 크다. 루터가 앞의 이야기를 처음 꺼낸 것은 그 일이 있고 30년이나 지난 시점이었다. 그 전에 루터는 한 번도 안나를 언급한 적이 없다.[1]

진실이야 어떻든지 루터는 무사히 생존했고 그가 서원한 대로 수도원에 들어갔다. 루터가 그렇게 전념하여 헌신한 이유는 제대로 준비되지 않은 채로 죽음을 맞이하는 것에 대

---

1) Volker Leppin, *Martin Luther* (Darmstadt: Primus Verlag, 2006), 30-32.

한 두려움 때문이었다. 당시의 친구들은 루터의 이러한 변화를 사도 바울의 다메섹 도상 회심과 견주어 말했다(WA B, 1 p. 1,543). 실제로 루터에게 이 사건은 그의 영혼 깊숙한 곳에서 울리는 하늘의 음성(소명)이었음에 틀림없었다(WA 8, pp. 573-574). 그러나 실상은 이 변화가 루터에게 그렇게 급진적인 것은 아니었다는 사실도 언급되어야 한다. 사실 루터는 이미 상당한 시간 하나님을 찾는 일에 몰두해 있었다. 루터는 마음에 평화를, 그리고 양심 속에 안식을 제공할 수 있는 하나님을 갈구하고 있었던 것이다. 이런 맥락에서 루터는 이미 아주 어린 나이였을 때 자신의 마음을 살피고 매일의 죄를 진지하게 고해하는 것을 학습했다고 말했다. 이것은 루터에게 너무도 큰 양심의 짐이었기 때문에 그는 거의 무너져 내렸다(WA Tr 1, no. 461). 루터는 하나님을 찾고 있었다. 모든 곳에서 하나님을 찾고 있었다. 수도원에 들어가서 하나님을 찾을 수 있겠다고 루터가 생각한 것은 하나님을 찾는 과정에서 한 단계 나아간 것을 의미할 뿐이었다. 단지 한 걸음 더 나아간 것이지만 이것은 그의 삶을 완전히 변화시켜 버리는 발걸음이었다.

수도원에 들어감

루터가 수도원에 들어가기로 예정된 날은 7월 16일이었다. 에어푸르트에는 많은 수의 수도원들이 있었기 때문에 루터에게는 선택의 여지가 있었다. 루터는 아우구스티누스파 수도원을 선택했다. 그곳에서 수도사들은 아우구스티누스가 마련한 수도원 규칙을 따라 생활하고 있었다. 당시 에어푸르트에 있는 아우구스티누스파 수도원에는 약 50여명이 살고 있었다. 이들은 많은 시간을 할애하여 성경 연구에 집중한 것으로 알려져 있다. 또한 이들은 적지 않은 시간을 밖에서 구걸하는 데 보냈다. 왜냐하면 수도원은 기부금에 의해 운영되었기 때문이다. 따라서 루터 역시 자주 길거리로 나가 헌금을 모아 들여야만 했다. 이제 루터는 학생들이 출입하는 선술집의 소란스런 테이블을 수도원 작은 방의 고요함, 고독함과 맞바꾼 것이었다. 대단한 변화였다. 이 변화는 또한 도전이기도 했다. 과연 이 세계에서 그가 추구하는 목표를 실제로 성취할 것인가의 문제였다.

 수도원에 들어가기 전날 저녁에 루터는 작은 송별파티를 열어서 학창생활과 작별하는 것을 기념했다. 그는 마지막으로 친구들과 더불어 한 번 더 먹고 마시고 음악을 즐기길 원했다. 그날 밤 루터는 그의 류트(기타)를 마지막으로 연주했다고 기록했다. 파티를 시작하기 전에 루터는 그가 소장한 책들 가운데 얼마를 판매할 수 있었다. 그가 공부했던 매우 두꺼웠던 법률 서적들은 이젠 더 이상 그에게 큰 가치가 없다고 말했다. 그 책들은 좋은 값에 거래될 수 있었다(WA Tr 1, no. 11.). 소장하던 책을 처분하는 일로 슬퍼하지 않았다. 루터는 자신이 오직 성경을 연구하는 것에서만 기쁨을 체험했다고 말했다. 그런데 다음 날 루터는 책을 팔아 얻은 모든 돈과 개인 소유물을 수도원에 넘겨주어야만 했다. 이 역시 별 문젯거리가 되지 않았다. 루터는 이미 이런 것들에 애착을 두지 않았기 때문이다. 그렇지만 루터가 과연 자기 자신까지 온전히 포기할 수 있을까? 새벽이 오자 루터의 친구들은 루터를 수도원 입구까지 배웅하고 거기서 작별인사를 나누었다. 루터에 따르면 이것은 영원한 작별이 될 것이었다. "자네들이 지금은 나를 보지만 이후로는 다시 보지 못할 걸세." 사실 루터의 말대로 되지는 않았다(WA Tr 4, no. 4707.).

루터가 수도원에 처음 들어온 날은 루터의 남은 평생 동안 그의 기억 속에 남았다. 1539년에 남긴 루터의 말에 따르면 그가 수도원에 처음 들어간 날을 끊임없이 기념하고 있었음이 분명하다.

7월 16일, 성 알렉시우스의 날에 루터는 말했다. "오늘은 내가 에어푸르트에 있는 수도원에 들어온 기념일이다." 그리고 루터는 그로부터 약 14일 전에 그가 어떻게 서원을 하게 되었는지에 대해 이야기하기 시작했다. 에어푸르트와 멀지 않은 스토터하임 근처에서 번개 때문에 깜짝 놀랐던 이야기이다. 두려움 가운데 루터는 소리쳤다. "성 안나여 나를 도우소서. 나는 수도사가 되길 원합니다." 그러나 이때 하나님은 나의 서원을 히브리어로 간주하셨다.[2] '안나,' 곧 율법 아래에 있지 않고 은혜 안에 있다는 뜻이다. 나는 내가 서원한 것을 후회하기도 했고, 다른 많은 이들도 내가 그것을 꼭 지킬 필요가 없다고 말했다. 그러나 나는 결국 지키기로 고집했다. 그리고 성 알렉시우스 날 하루 전에 가장 친한 친구들을 불러 작별을 고했고, 다음 날 그들이 수도원까지 나를 배웅해 주었다. 그들이 나를 돌이키려 붙잡고자 했을 때 나는 말했다. "오늘은 자네들이 나를 볼 수 있는 마지막 날이네." 눈물을 흘리며 그들은 나를 배웅해 주었다. 내 아버지 또한 내가 행한 서원에 대해 언짢아 하셨다. 그러나 나는 내 결정을 끝까지 지켰다. 나는 수도원을 떠난다는 것을 결코 고려해 본 적이 없었다. 나는 세상에 대해 완전히 죽었던 것이다(WA Tr 4, no. 4707).

루터는 과거를 회고하면서 하나님께서는 자신이 수도원에 들어간 것을 사용하셨다고 말했다. 하나님은 루터로 하여금 그가 수도원에서도 범할 수많은 죄들에 관해 배우게 하시고 이와 더불어 은혜의 복음을 다시 한 번 발견하길 원하셨던 것이라고 말했다(WA 8, p. 573.). 적어도 수도원에서 은혜의 복음을 발견한 것에 관한 한 루터의 말은 확실히 그의 경험에 잘 상응했다. 그러나 죄에 관해 학습한다는 말은 적어도 이 수도원에는 해당되지 않는 것처럼 보인다. 아우구스티누스파 수도원은 매우 잘 규율되었으며 엄격하고 경건했다. 아마도 [수

---

2) 루터는 히브리어 '한나' 곧 '은혜'를 말하고 있다.

도원에 대한] 루터의 부정적인 판단은 그의 회심 이전 시기에 있던 그의 태도에 의해 영향을 받은 것 같다. 이것은 회심자들 사이에서 널리 발견되는 현상이기도 하다. 실제로 루터는 다른 이들의 죄악보다는 자신의 죄들로 인해 괴로워했다. 또한 루터는 자기 발견을 위해서 수도원에 들어간 것이 아니었다. 수도원은 이 목적 때문에 존재하는 것이 아니었다. 자기 발견이 아닌 하나님의 은혜를 구하고 발견하는 데 목적이 있었던 것이다. 수도원에서 들어갈 때 일반적으로 밟게 되는 신고식 절차가 있었다. 루터에게 제기된 첫 번째 질문은 다음과 같다. "그대는 이곳에서 무엇을 찾느뇨?" 수도원장이 이렇게 물으면 수도승 후보생은 이렇게 대답해야 했다. "하나님의 은혜와 당신의 은혜를 구합니다." 루터는 특히 하나님의 은혜만을 배타적으로 구했다. "수도원 안에서 나는 결코 여자, 돈 혹은 물질에 대해 생각해 본 적이 없었다. 오로지 나의 마음은 내가 어떻게 하면 하나님의 은총을 얻을 수 있을까 하는 문제 때문에 떨었고, 또한 이 문제만을 깊이 생각했다."(WA 47, 590.)

루터가 갈구했던 것은 하나님의 은혜를 찾는 것이었다. 따라서 루터에게 수도원은 세상으로부터의 도피를 의미하지 않았다. 오히려 하나님께로 향하는 헌신이었다. 과거를 돌이켜 보면, 수도원에 들어온 것은 루터 자신이 스스로에게 강요한 결정이었다. 그를 강제하는 모든 것들과 모든 이들의 압박에 반하는 결정이었다. "나는 강압 속에서 수도사가 되었다. 내

부친과 모친의 뜻을 거스르며, 또한 하나님과 마귀에 대항하여 수도승이 되었다."(WA Tr 4, no. 303.) 특히 루터는 마귀에 대항하여 이 결정을 내린 것이었다. 왜냐하면 수도원 안에서 그가 "내 주는 강한 성이요" 찬송에서 썼듯이, 마귀로 하여금 깃발을 내리도록 만든 위대한 발견을 이루었기 때문이었다.

II. 하나님을 찾고 발견함

루터 개인의 성경

루터는 그가 처음 수도원 공동체의 일원이 되었을 때, "수도사들이 그에게 빨강색 가죽 성경을 주었다고 기록한다. 루터는 그 성경의 내용을 너무도 철저하게 숙지하였기 때문에 각 페이지에 정확히 무엇이 있는지 잘 알고 있었다. 누군가가 어떤 텍스트를 말하면 루터는 그것이 정확히 어디에 있는지 알 수 있었다."(WA Tr 1, no. 116) 루터는 "성경을 읽기 시작했고 성경을 반복하여 읽고 또 읽었다."(WA Tr 3, no. 3767) 성경을 겉장에서 마지막까지 다 읽은 후에 또 다시 새롭게 읽기 시작했다. 그는 각 장의 내용을 요약하였고 그 결과 각 장의 내용을 잘 기억할 수 있었다. 루터는 수도원에 머무는 동안 성경 지식을 쌓는 일에서 엄청난 성장을 이루었고 후일 칼슈타트는 바로 이 점에서 루터를 칭찬했다(WA Tr 2, no. 2512; WA Tr 4. No. 5030.). 수도원에서 지내는 동안 루터는 다음의 사실을 배웠다. 곧 성경을 읽는다는 것은 사실상 "성경의 말씀을 듣는다는 것"이다. 텍스트는 읽혀야 하지만 동시에 텍스트의 음성을 반복하여 들어야 한다. 그 텍스트가 무엇을 말하는지에 대한 이해를 얻기까지 이 듣는 과정을 자주 반복할 필요가 있다. 이런 방식으로 성경을 읽는 것을 가리켜 소위 "거룩한 독서(lectio divina)"라고 부른다. 글자 그대로 경건한 독서이다. 말씀 안에서 하나님의 음성을 들을 때까지 읽기와 듣기를 반복하는 것이다.

> 당신이 크리스천이 되길 원한다면 반드시 그리스도의 말씀을 취해야 한다. 배움에서 결코 완성이란 없다는 사실을 인식하면서 말이다. 그러면 나와 함께 당신은 가장 기초적인 ABC조차 모르고 있다는 사실을 깨닫게 될 것이다. 누군가 자신을 자랑하려고 한다면 나 역시 나 자신에 대해 확실히 그렇게 할 것이다. 왜냐하면 나는 그야말로 밤낮으로 성경을 연구했기 때문이다. 그럼에도 나는 여전히 배우는 학생에 머물러 왔다. 매일 나는 마치 초등학교에 갓 입학한 사람과 같이 새롭게 시작한다.(WA 29, 583.)

루터는 하나님을 찾는 과정에서 성경이 필요하였다. 그는 신학에서 진정한 본질에 해당하는 핵심을 간절히 찾고 있었다. 하나님을 찾는 일의 핵심은 바로 하나님은 진정 누구신가 하는 것이요, 추가로 사람은 진정 누구인가의 문제이다. 그리고 이 두 존재 곧 하나님과 사람은 서로 어떻게 관계를 맺고 있느냐 하는 것이다. 루터는 이것을 성경 안에서 찾았다. 그는 성경 텍스트를 두드리되 과일나무를 흔들듯이 두드렸고, 그의 두려움을 쫓아버릴 위로와 확신의 말씀을 찾기 위해 말씀에 귀를 기울였다. 그러나 처음에는 성경읽기가 루터에게 충격을 던져 주었는데, 특히 하루에도 여러 차례 기도했던 시편의 말씀이 그랬다.

루터는 기도할 때 시편을 사용했으나 시편을 이해한 것은 아니었다. 기도 자체가 시편의 이해를 돕기 위한 것이 아니었다는 이유 때문이기도 하지만 오히려 기도는 일종의 공로를 쌓기 위한 선행이었던 것이다. 시편 71편 2절의 기도는 이렇게 되어 있다. "당신의 의 안에서 나를 구원하고 나를 건지소서." 루터는 의를 오로지 심판과 정죄 그리고 처벌하는 정의로만 이해할 수 있을 뿐이었다. 그는 심지어 시편 2편 11절을 미워한다고 말하기도 했다. 거기엔 여호와를 두려움과 떨림으로 섬기라고 명령되어 있기 때문이다(WA 45/II, 295). 루터가 아직도 더 두려움에 사로잡혀야 한다는 말인가! 이런 식으로 시편, 곧 성경 자체를 가지고 기도하는 것은 루터의 삶을 더욱 더 괴롭게 만들었다. 루터는 말한다.

이 때 누군가가 미사 의식과 내 양심의 두려움으로부터 나를 건져낼 수 있었다면, 그리고 나에게 시편이나 복음서 가운데 한 장의 참된 의미를 보여 주었더라면, 내가 무엇이든 내어주지 않았겠는가? 아마도 나는 무릎을 꿇고 성 야고보의 유해가 있는 곳(스페인 산티아고 데 콤포스텔라)까지라도 기어갈 용의가 있었을 것이다.(WA 41, 582)

루터가 점차 그리고 자주 당시의 지배적인 신학과 교회의 몇몇 행태들에 대해 의문을 제기했다는 사실은 매우 분명하다. 무엇보다 아우구스티누스 저작을 읽으면서 루터는 인간의 의지가 영원한 구원의 문제에서 무언가를 성취하는 일에 철저히 무력하다는 사실을 깨닫고 그 통찰을 점차 발전시켰다. 구원의 문제는 철저하게 하나님의 의에 기초한다는 사실을 발견한 것이다.

희망을 거의 잃은 상태에서 루터는 바울 서신 안에서 '하나님의 의'의 의미를 찾으려 했다. "나는 그 단어, 곧 하나님의 의를 싫어했다. 참으로 나는 하나님을 사랑하지 않았다. 오히려 죄인들을 처벌하시는 하나님의 의라는 것을 증오했다."(WA 54, 185.) 하나님은 먼저 율법을 통해 죄인을 정죄하고 그 후에 또한 복음 안에서 '의'를 가지고 다시 위협한다는 사실을 루터는 이해할 수 없었다. "나는 분노감에 휩싸였고 내 양심은 완전히 혼돈에 빠졌다. 절제하지 못하는 마음 상태로 사도 바울의 관련 텍스트로 달려갔다. 이 문제에 관해 성 바울이 도대체 무슨 말을 하는지 알고자 원하는 불타는 소원이 있었기 때문이다."(WA 54, 185) '하나님'과 '의'라는 두 단어 사이의 관계에 관하여 밤낮으로 숙고한 지 얼마 되지 않아 루터는 양자의 관계가 그제까지 들어왔던 바와 완전히 다른 관계임을 확신하는 단계에 도달했다. "복음은 하나님의 의를 드러낸다. 곧 수동적인 의인 것이다. 이를 통해 자비로우신 하나님은 믿음으로써 우리를 의롭게 하신다. 성경에 '의인은 믿음으로 말미암아 살리라'고 기록되었듯이 말이다." 루터는 로마서 1장 17절 속의 "하나님의 의" 개념이 하나님께서 우리에게 요구하시는 의가 아니라 하나님께서 우리에게 주시는 의라는 사실을 발견했다.(WA 54, 185-186) 이제 하나님을 향한 증오는 일순간에 사랑으로 뒤바뀌었다. "나는 내가 완전히 새로 태어났다고 느꼈다. 마치 활짝 열린 문을 통해 천국으로 바로 들어가는 것과 같았다."(WA 54, 186)

의 (Righteousness)

이와 같은 발전 과정에서 에라스무스가 한 역할이 있는데, 희랍어 신약성경을 출판해서 시장에 내놓았다는 사실이다. 이것은 혁명적인 일이었다. 교회는 오로지 라틴어 성경역본인 불가타 성경만을 사용했기 때문이다. 불가타 성경은 권위 있는 역본이었다. 인문주의자로서 에라스무스는 원문으로 돌아가고자 원했다. 신약성경의 원문은 희랍어였다. 에라스무스는 또한 새롭고 더 정제된 라틴어 번역본을 시장에 내놓고자 했다. 새로운 라틴어 번역에 대한 정당성을 보여주기 위해서 그는 희랍어 원어와 새로운 라틴어 텍스트를 나란히 병기했다. 그의 성경이 출판되었을 때 기존 교회가 사용했던 라틴어 번역이 원문에 바르게 상응하지 못했다는 사실이 분명히 드러났다. 특히 세례 요한이 선포한 말이 그랬다. 루터는 이 사실에 주목했다. 교회의 불가타 번역은 '참회'라는 번역어를 사용했는데 이는 마치 고해성사의 규칙을 따르는 듯한 인상을 주었다. 에라스무스의 번역본은 '회개'(메타노이아)라는 단어를 사용했다. 외면적 행위가 아니라 내적인 변화를 의미하는 단어였다. 단지 외면적으로 몇 가지를 다르게 행동하는 것으로는 안 된다. 내면으로부터 변화가 일어나야만 한다. 내면으로부터의 변화가 선행되고 나서야 달리 행동하기 시작할 수 있다. 이런 맥락에서 루터는 성화와 의의 순서가 반드시 바뀌어야 한다는 사실을 확신하기에 이르렀다. 우리는 자신을 거룩하게 만들어서 의롭게 되는 것이 아니라, 먼저 의롭게 되었기 때문에 자신을 거룩하게 해야 하는 것이다.

결국 아리스토텔레스가 주장한 방식, 곧 우리는 의로운 행동을 함으로 의로워지는 것이 아니다. 그것은 단지 의의 외양을 유지하는 것이기에 수치스러운 일이다. 오로지 의롭게 된 자들과 의로운 자들만이 의로운 행위를 한다. 먼저 사람이 변해야 하는 것이다. 그 후에야 행위가 뒤따르는 것이다.(WA B 1, 70)

그리스도의 의란 그리스도께서 우리로 하여금 의롭게 되는 것을 가능케 하신 것이라고 교회는 가르쳤다. 그러나 루터가 점차 확신하게 된 것은 그리스도의 의란 그리스도께서 이미 우리를 의롭게 만드셨다는 사실이었다. 이 두 가지 진술의 의미는 매우 다르다. 하나님의 인정을 받기 위한 삶을 살고자 노력하는 자들에게 루터는 이렇게 말한다. 그들은 "하나님의 의가 무엇인지 이해하지 못한다. 하나님의 의는 우리에게 완전하게 주어진 것이며 그리스도 안에서 거저 주어진 것이기 때문이다." 누구든 스스로의 힘으로 의를 성취하고자 하는 자는 그만큼 그리스도를 부당하게 대하는 것이다. 루터는 말한다. "만일 우리가 우리 자신의 노력과 고통을 통해 우리의 양심에 평화를 가져올 수 있다면, 그리스도가 실제로 죽으신 이유가 무엇이란 말인가?"(WA B 1, 35)

95 테제

루터가 새롭게 발견한 것은 면벌부를 판매하는 관행과 충돌하였다. 루터는 이미 일정 기간 면벌부 문제로 갈등을 빚은 경험이 있다. 1514년 첫 번째 시편 강해에서 면벌부 관행에 대해서 불평한 적이 있다. 면벌부는 천국으로 가는 길을 손쉽게 만들고 또한 값싼 은혜를 만들어 낸다고 비판했다.(WA 3, 416) 다른 시기에 루터는 면벌부 매매 전반에 대하여 우려를 표현한 적이 또 있다. 도대체 어떻게 돈과 죄책이 그처럼 해로운 방식으로 연결되었나? 루터는 다음과 같이 주장했다. '사람들이 면벌부를 구입하는 이유는 그들이 벌 받는 것을 두려워하기 때문이다. 그런데 그들은 벌이 아니라 마땅히 죄를 두려워해야 한다.'(WA 1, 141) 면벌부는 사람들에게 거짓된 확신을 주었다. 또한 자기애를 강화시킬 뿐이었다. 그들은 하나님의 영광을 위해 사는 삶에 관심을 갖지 않는다. 오로지 하나님의 처벌을 어떻게 하면 피할 수 있는가에만 관심을 둘 뿐이다. 면벌부의 문제는 사람들에게 처벌받는 것이 주된 쟁점이라는 잘못된 인상을 심어 주었다는 점이다. 사실 처벌받는 것은 오로지 결과에 해당할 뿐이다.

하나님으로부터 처벌받는 사실보다 중요한 문제는 하나님 앞에서의 죄책이다. 면벌부가 나온 애초의 의도에 따르면 그것은 오직 자신의 죄를 진실로 뉘우치는 자들에게만 유용하다. 그런데 막상 자신의 죄를 진실로 뉘우치는 자에게는 면벌부가 필요 없다. 이것이 바로 루터의 새로운 통찰이었다. 사실 독일인의 많은 돈이 로마로 흘러들어가는 것이라든지, 그 재원이 성 베드로 성당 건축에 사용된다는 것은 루터에게 큰 문제가 아니었고, 심지어 가난한 이들이 과한 비용을 들여 면벌부를 구입한다는 것조차 문제 삼지 않았다.

  루터는 더 근본적인 것을 문제 삼았는데, 사람들에게 일종의 거짓된 보험을 제공하고 있다는 점이다. 면벌부는 죄에 대한 용서(사죄)를 제공하지 않는다. 면벌부는 또한 우리와 하나님의 관계를 조금도 회복시키지 못한다. 루터에게 그런 것들이 진짜 문제였다. 면벌부는 진정한 뉘우침이나 하나님이 요구하시는 회개를 일으키지 않는다. 은혜는 금전거래로 변질되고, 그저 외면적인 값싼 은혜로 전락한다. 그리고 실제로는 사람들로 하여금 죄 짓는 것을 조장한다. 게다가 그리스도께서 십자가에서 이룬 사역의 차원에서 보면 도대체 그것이 왜 필요한지 면벌부의 존재를 의심하게 된다. 이러한 의문들을 가지고 루터는 면벌부 체계의 근간을 흔들었다. 그것은 그동안 교회의 재정과 사람들의 양심에 엄청난 영향력을 미쳐 왔다. 재정 문제는 루터의 관심사가 아니었다. 루터는 사람들이 양심의 짐을 지는 것에 더욱 큰 관심을 기울였다. 그것은 루터 자신이 특히 죄책과 용서의 문제로 인해 크나큰 양심의 고뇌를 경험했기 때문이었다.

보름스 - 금지령 - 바르트부르크

초기에 루터는 자신의 이러한 통찰이 로마 교회의 문을 철폐할 것이라는 사실, 그리고 자신의 견해가 결국 로마 교회와 충돌할 것이라는 점을 바로 인식하지 못했던 것 같다. 애초에 루터는 개인적인 발견을 했던 것이고, 그의 깨달음이 다른 신자들과 전체 교회에게 어떤 의미를 줄지에 대해서는 미처 인식하지 못했다. 루터는 종교개혁을 계획하지 않았고 '종교개혁가'는 그가 선택한 이력이 아니었다. 로마 교회와 단절을 시작한 것도 그가 아니었다. 사실이다. 루터는 교회 안에서 개혁하기를 원했다. 루터의 시대에도 루터 이전 시대에도 많은 이들이 똑같은 것을 원했다. 루터만이 독특했던 것이 아니다. 그의 사상을 이단으로 간주한다는 메시지를 로마 교회로부터 전해 받고 나서야 비로소 루터는 무서운 갈등의 현실을 인식하게 되었다.

루터는 유일한 표준인 성경으로 돌아가는 것 이상을 원한 것이 아니었다. 만일 그것이 전통과 단절하는 것을 의미한다면 감수할 일이었다. 그러나 원래 전통과 단절할 계획도 없었다. 목표가 종교개혁이 아니었기 때문이다. 은혜만으로 충분하다는 메시지에 새롭게 주목하자는 것이 그의 목표였다. 루터는 율법과 복음 사이의 올바른 관계를 발견했다. 이것은 그 자신뿐만 아니라 모든 신학에서 매우 근본적인 것이었다. "어떻게 복음과 율법 사이를 올바르게 구분할 수 있는가를 아는

사람은 하나님께 감사할 줄 알게 된다. 또한 그가 바로 신학자임을 깨닫게 된다."(WA 40/I, 207)

III. 삶을 변화시키다

루터가 발견한 하나님과 사람 사이의 새로운 관계는 교회와 사회 또한 모든 개인의 삶에 널리 영향을 끼쳤다. 이것은 종교개혁을 넘어 혁명과도 같은 것이었다. 1517년 10월 31일은 새로운 세계가 탄생한 날이라고 부를 수 있다. 이 혁명적인 세계 안에서 삶은 모든 정황에서 달리 보였다. 물론 루터의 인도를 따르는 사람들에 한하여 그렇다. 사람은 하나님과의 관계를 회복해야 한다는 확신 위에 기초한 사회는 그리스도 안에서 하나님께서 모든 것을 성취하셨다는 사실을 근본적으로 수용할 때 급진적으로 변화되었다. 하나님의 정의는 더 이상 사람을 위협하는 방식을 통해 도덕적으로 올바른 삶을 추구하도록 몰아가지 않았다. 하나님의 의는 일종의 선물로서 사람들로 하여금 감사한 마음을 소유하도록 동기를 부여했다. 이러한 신학 곧 하나님과 그의 백성 사이의 새로운 관계는 로마 교회의 미사, 성지순례, 성물숭배, 독신주의, 수도원 생활, 연옥, 죽은 자의 구원에 집착하는 것, 그리고 교회의 포괄적이고 패권적 지위 등의 기초를 제거해 버렸다. 루터의 신학은 이제까지 시도된 종교개혁 프로그램과 완전히 차별화되었다. 하나님께서 우리에게 의를 제공하시는 것이지 우리에게 그것을 요구하시는 것이 아니라는 사실은 결국 다음의 사안들을 재고하도록 했다. 즉 교회, 설교, 생활방식, 결혼, 교육, 정치, 천국과 지옥, 죽음과 마귀 등의 주제를 다시 돌아보게 하였다.

루터는 이러한 주제들과 관련하여 엄청나게 많은 양의 글을 저술하기 시작했다. 그는 지속적으로 설교문과 서한, 그리고 책과 소책자 등을 저술했다. 1520년 루터는 세 개의 저작을 출판하는 데, 가장 중요하고 영향력 있는 저작들이다. 이 세 가지 저작에서 루터는 교회와 이 세상은 어떤 방향으로 나아가야 하고 또 어떤 방향으로 나아가면 안 되는지에 대해서 논지를 지속적으로 발전시켰다. 세 개의 소책자는 매우 성공적이었다. 세 저작 모두 일찍이 루터를 해방시켰고, 이제 루터는 기독교 세계의 다른 이들 역시 해방시키기를 원했다.

첫 저작은 크리스천 귀족들을 향해 저술되었다. 『독일 국민의 그리스도인 귀족들에게 그리스도교 상태의 개선에 관해 고함』[3]. 루터는 이미 6월에 이러한 내용의 글이 준비되고 있음을 선언했다. "적그리스도의 비밀이 마침내 밝히 드러나야만

---

3) An den christlichen Adel deutscher Nation von des christlichen Standes Besserung WA 6, 404-469.

할 것이다. 그래서 나는 소책자를 저술할 계획이다. 로마 교황청의 독재와 무가치함을 논박할 것이다. 또한 이 책은 찰스 왕과 모든 독일 귀족들을 대상으로 저술될 것이다."(WA B 2, 120) 이 소책자는 8월 12일부터 판매되었다. 겨우 6일이 흘렀을 때 4천부 전체가 팔려나갔다. 당시로서는 선례가 없는 일이었다. 이 소책자 안에서 루터는 세속 정부를 상대로 직접 말하는데, 더 이상 국가를 지배하는 교회의 권위를 수용하지 않았기 때문이다. 통치자와 도시 관료들은 교회의 일원이기도 했다. 이러한 측면에서 루터는 그들의 책임을 지적한다. 만일 교회 지도자들이 교회개혁을 시도하지 않는다면 그 일을 감당할 가능성을 가지고 있는 교회의 다른 구성원들이 교회개혁을 추진해야 한다. 세례 받은 모든 신자는 사제이다. 신자들 사이에 높고 낮은 지위란 없다.

루터는 로마 교회를 비판하며 그들은 세 개의 난공불락의 성벽을 세우고 그 뒤에 숨어 있다고 공격했다. 첫 번째 성벽은 교회 자신의 권위가 세속 정부보다 우위에 있다고 믿는 것이었다. 두 번째 성벽은 교황만이 성경을 해석할 권위를 갖추었다는 교리이다. 세 번째 성벽은 교황권이 교회 회의보다 우위에 있다는 믿음이다. 종교개혁이 일어나기 위해서는 정치 지도자들이 이런 곤궁한 상황에 개입하여 그 성벽을 파괴해 버려야만 했다. 루터는 단순히 교회 안의 잘못된 것들을 성토한 것이 아니었다. 그동안 배워 왔던 하나님의 모습이 완전히 달라진 루터 입장에서 볼 때, 교회 역시 그간 배워 왔던 모습과는 완전히 다른 교회를 원했다. 하나님에 관한 새로운 시각은 새로운 교회를 의미했던 것이다. 이 소책자는 종교개혁을 전국적인 운동으로 발전시키는 촉매제 역할을 했다. 루터가 이 소책자를 독일어로 출판한 것은 우연한 일이 아니다. 국민들은 비로소 로마의 권력에 감히 도전하는 목소리를 들을 수 있었다. 교황이 최종 결정권을 가진 것은 아니었다. 로마 교황의 최종 결정권을 표현하는 라틴어 어구 'Roma locuta, causa finita'(로마의 발언으로 사안은 최종 결정된다)는 이제 '오직 성경 말씀에 의해 사안은 최종 확정된다'는 견해로 대체되었다.

같은 해 10월 루터는 『교회의 바벨론 유수』를 라틴어로 출판했다.[4] 내용이 워낙 파격적이어서 먼저 성직자와 학자들이 읽기를 원했기 때문이다. 핵심 테제는 그동안 교회가 일곱 성사 교리에 의해 감금되어 왔고 그 교리는 성직자가 권력을 행사하게 하는 수단으로 기능했다는 것이다. 루터에 따르면, 사람들의 구원을 위해 일곱 성사들이 필요하다고 교회는 주장했다. 또한 이 성사들은 오로지 사제들만 집례할 수 있었다. 그러나 성경은 완전히 다른 내용을 이야기했다. 신약은 오직 세 가지의 성례 즉 세례, 참회 그리고 성만찬만을 인정했다고 루터는 말했다. 결혼은 성례가 아니라 시민 질서에 속한 일이다. 루터는 종유성사, 사제서품(성품성사), 견진성사 등을 교황 교

---

4) Von der babylonischen Gefangenschaft der Kirche, WA 6, 497-573.

회의 교활한 발명품으로 돌렸다. 또한 세례 받은 모든 신자는 사제라고 주장함으로 루터는 성직자와 평신도 사이에 일체의 차별을 폐지했다. "[유아]세례 받고 기어 나오는 자들이 크게 기뻐하는 이유는 그들이 이미 사제요 감독이요 그리고 교황으로 임명을 받은 것이기 때문이다."(WA 6, 408) 만인사제론이 의미하는 바는 세례 받은 모든 신자가 하나님을 직접 대면한다는 것이다. 이제 더 이상 신자는 사제를 통해 하나님께 나아갈 필요가 없다. 모든 세례 교인 자신이 사제이기 때문이다. 교회와 세상에서 사는 사람들 사이의 차별성은 오직 각자의 과업과 소명에 있을 뿐이다. 믿음에서는 동일하기에 수준과 지위의 차별성은 존재하지 않는다.

> 우리 모두는 크리스천이면서 사제다. 우리가 지금 사제라고 부르는 자들은 우리를 섬기는 자들로 우리가 선택한 자들이다. 그들은 우리의 이름으로 모든 일을 행해야 한다. 그들의 사제직은 오로지 섬김일 뿐이다.(WA 6, 564.)

독신주의와 관련하여 도대체 성경 어느 곳에 수도사와 수녀들이 결혼하는 것을 금하는 말씀이 있는가? 이러한 의문을 가지고 루터는 수도사 삶의 근거를 타격했다. 그 결과 수많은 수녀들과 수도승들이 수녀원과 수도원을 떠났다. 앞서 소개한 소책자에서 세 개의 성벽을 말한 것과 유사하게 루터는 여기서도 삼중 감옥을 말한다. 이 감옥 안에서 교회 구성원의 양심은 감금되어 있었다. 로마의 독재자는 미사 때 평신도가 포도주를 마시지 못하도록 했다. 이것이 첫째 감옥이다. 화체설, 곧 빵과 포도주가 그리스도의 몸과 피로 바뀐다는 교리는 둘째 감옥이다. 세 번째 감옥은 미사가 일종의 선행이며 희생제사라는 믿음이다. 이 세 개의 감옥들로부터 탈출을 시도하라고 루터는 말한다. 이러한 시각들은 루터의 비전이 초래하는 결과가 얼마나 폭넓은지를 보여준다. 루터의 첫 번째 소책자가 교회 안의 관계들을 다루었다면, 두 번째 소책자는 교회의 교리를 다루었다. 특별히 미사에 관해 완전히 새로운 견해를 제시하였다. 말 그대로 모든 것을 뒤집었다. 미사는 확실히 선행이다. 그러나 하나님께서 우리를 위해 행하신 선행으로 인식되어야 한다. 미사에서 사제는 그리스도의 희생을 가지고 회중을 대표해서 하나님께 나아가는 것이 아니다. 하나님께서 사제를 통해 친히 그리스도의 희생을 가지고 회중에게 임하시는 것이다. 미사에 희생제사는 존재하지 않는다. 그리스도의 희생이 선포되는 것이다. 이런 방식으로 루터는 사제를 설교자로 바꾸었다.

    1520년 11월 중순, 세 번째 소책자가 출판되었다. 크리스천의 자유에 관한 책자로서 "또한 모든 크리스천의 삶의 요약을 포함하는" 책이다.[5] 따로 출판된, 일종의 "서문" 역할을 하

---

5) Von der Freiheit eines Christenmenschen, WA 7: 20-38.

는 서한에서 루터는 교황 레오 10세를 상대로 말했다. 교황이 한 온갖 위협에 개의치 않고 루터는 그를 가리켜 "하나님 안에서 가장 거룩한 아버지"라고 표현한다. 비록 앞서 교황제 안에서 적그리스도를 본다고 진술했지만 말이다(WA B 2, 167, 18.08.1520. Letter to Johann Lang). 자유에 관한 소책자는 거의 같은 시기에 라틴어와 독일어로 출판되었다. 루터는 거기에서 믿음에 관한 새로운 정의를 제시한다. 믿음은 우리가 성취하는 것이 아니라 선물이다. 나는 교회가 믿는 것을 믿는 것이 아니다. 실제로 내 자신이 믿는 것이다. 믿음은 사람을 해방시킨다. 이러한 자유의 기원과 의미와 관련하여 루터는 다소 오래된 이미지를 사용한다. 신랑이신 그리스도와 매춘부 같은 죄인 사이의 관계에서 발생한 '기적과 같은 교환'(*der wunderbare Tausch*)이다. 이 결혼 안에서 공동 재산권이 실행된다. 예수님은 죽음, 죄, 그리고 하나님의 진노를 가져가시고 죄인인 인간은 예수님으로부터 의와 영광을 받는다. 이것은 매우 독특한 교환이다. 루터의 자유는 사람들이 무엇이든 원하는 것을 할 수 있음을 의미하지 않는다. 크리스천의 자유란 그리스도께서 원하시는 것이 무엇이든 그것을 내가 원한다는 뜻이다. 루터는 이 자유를 다음과 같은 형식으로 분명히 표현했는데, 이것은 모든 신자의 삶에 적용되어야 한다.

크리스천은 자유인이다. 모든 것 위에 군림하며 누구에게도 예속되지 않는다.
크리스천은 자원하여 모든 것들의 종이 되며 모든 사람들을 섬긴다.(WA 7, 21)

루터는 무엇이 허락되고 또 허락되지 않았는지를 자세히 적시하지는 않았다. 대신 그리스도께서 원하시는 것을 끊임없이 수행하는 자유를 말했다. 또한 이웃을 해칠 수 있는 모든 것을 끊임없이 피하는 자유를 말했다. 이런 방식으로 사람들의 양심을 해방시키길 원했다. 우리의 모든 행위와 말과 생각을 하나하나 하나님이 보시고 평가하신다는 두려움으로부터 해방되었다. 당시 멀리 퍼져 있던 생각은 하나님께서 잘못한 행위에 따라서 점수를 하나씩 감해 간다는 것이었다. 루터에 따르면 그리스도 안에 있는 하나님의 은혜는 사람들이 결국 무엇을 행했느냐가 아니라 중심의 동기가 무엇이냐에 따라 판단한다.

루터가 세 가지 성벽을 말한 이유는 그동안 교회와 기독교를 가두어 두고 있던 감옥으로부터 교회와 기독교를 해방시키려는 의도 때문이다. 많은 이들이 그의 주장을 지지했다. 루터는 대단히 많은 글을 써서 출판했다. 비텐베르크의 인쇄업자는 루터가 쏟아내는 저술을 따라잡기가 너무 힘들다고 불평할 정도였다. 그러나 루터는 끊임없이 저술하지 않을 수 없다고 느꼈다. "잠잠할 때가 지나가고 이제는 말을 할 때가"(전 3:7) 왔다고 보았기 때문이다. 인쇄업자들이 불평할 이유는 없었다. 『기독교 귀족에게 고함』 소책자는 전례가 없을 정도로 팔려나가 이미 4천부를 인쇄했고 곧이어 재판을 준비해야만 했기 때문이다. 그들이 많은 돈을 벌 수 있었던 것은 또한 루터가 단 한 푼도 저작료를 요구하지 않았기 때문이기도 했다. 사실 루터는 인쇄업자들에게서 온 초고를 교정 볼 시간적 여유도 없었다. 원고를 작성하자마자 넘치는 수요를 맞추기 위해 인쇄업자들이 그의 손에서 원고를 채가기 바빴기 때문이다. 이처럼 수요가 많았던 이유는 루터가 대중의 언어를 사용했고, 대중들 사이에서 살아 있는 주제를 논의했다는 사실에 기인한다. 루터는 새로운 최적의 대중매체를 활용했다. 대중들이 생각하는 바를 정확히 알고 있는 젊고 솔직하고 열정적인 종교 지도자가 자신을 대중들 앞에 제시했던 것이다.

IV. 죽음을 변화시키다

　루터가 하나님을 찾은 것은 새로운 삶의 방식을 만들어 내었을 뿐만 아니라 죽음에 관해서도 새로운 길을 제시했다.

1519년 5월, 루터는 어떻게 죽음을 예비할 수 있는가에 응답하는 한 편의 설교를 출판했다.[6] 이 설교는 중세 시대 "죽음의 기술"이라는 장르에 속할 터이다. 문자적으로는 "죽는 기술"을 의미한다. 주로 마지막 죽는 순간에 하나님 앞에서 최상의 준비된 모습으로 서도록 가르치고, 또한 신자의 믿음을 앗아 가려고 시도하는 마귀에게 최대한 넘어가지 않는 방법을 가르쳤다. 죽음의 침상은 마지막으로 최선의 노력을 다하는 자리였다. 그러나 루터의 설교 안에서 이제 죽음의 침상은 신뢰로 주님께 자기를 맡기는 장소가 되었다. 죽을 때 중요한 것은 사람이 최선을 위해 안간힘을 쓰는 것이 아니라 그리스도를 신뢰하는 것이다.

평화는 하나님과 더불어 완전히 화해하고 죄를 완전히 용서받은 확신 이후에야 찾아온다. 루터는 이 사실을 남들에게 설교하면서 정작 자신은 그 혜택을 제대로 누리지 못했다. 죽음은 여전히 불길한 것이었다. 이런 점에서 루터는 예로서 제시하는 표현으로 "우리의 하나님은 모든 존재자들 가운데 가장 큰 가정 파괴범"이라고 말했다(WA Tr 4, no. 4787, no. 4709). 죽음을 통해 하나님은 모든 혼인 관계를 파괴하신다. 사실 루터는 사후에 부부가 다시 천국에서 결합할 것이라고 믿었다 (WA B 10, 226-228). 누군가 죽기 얼마 전 루터에게 질문했다. 과연 새 하늘과 새 땅에서 우리가 서로를 알아볼 수 있는가? 루

---

6) Ein Sermon von der Vorbereitung zum Sterben, WA 2, 685-697.

터는 대답했다. 그가 죽는 순간 곧 그리스도 안에 있는 자들은 낙원에서 아담과 하와가 서로를 알았던 것보다도 더 잘 서로를 알아볼 것이라고 말했다(WA B 6, 212; 300-302). 교회 안에는 죽음을 위한 자리가 없다. 죽은 자들 역시 마찬가지다. 루터는 교회 안뜰이나 둘레에 사람을 매장하는 관습을 없애고자 원했다. 공동묘지는 도시 밖에 있어야 한다. 그림 속에서 죽음을 완전히 지워 버리려는 게 아니고, 다만 죽음의 냄새를 멀리하려는 것이다. 또한 죽은 자들에게 안식을 주고자 했다. 이 안식은 산 자들에게도 확장되어야 한다. 묘지는 누구나 와서 휴식을 취하고 평화롭게 기도하고 조용히 추억을 즐기는 장소로 바뀌어야 한다고 루터는 생각했다. 이러한 이유들 때문에 루터는 사랑하는 딸 엘리자베스를 도시 밖에 매장했다. 성경 시대에도 그랬으니 이제 매장 관습을 다시 회복시켜야 한다고 루터는 느꼈다. 많은 도시들이 루터의 모범을 따라 공동묘지를 도시 문 밖으로 이장했다. 그러나 루터 자신은 도시 밖에 매장되지 않았다.

 1546년 1월 루터는 아이스레벤에 있었다. 루터는 거기서 심하게 반목하던 두 백작 형제 사이를 화해시키려고 노력하였다. 1월 31일과 2월 2, 7, 14일에 아이스레벤의 세인트 안드레아스 교회에서 설교를 했고 두 차례 성만찬에 참석했다. 루터의 마지막 설교는 짧았다. 더 이상 길게 지속할 수 없었기 때문이다. 그러나 "그리스도의 말씀에 충실하게 머물고 또 그리스도에게로 오라"는 설교는 충분히 호소력이 있었다.(WA 51, 194) 이 시기 이전에 기록된 그의 탁상담화에서 루터는 하나님의 말씀은 박해가 올지라도 결코 사라지지 않을 것이라는 확신을 끊임없이 표현했다. 또한 그가 곧 임종할 것이라는 점도 확신하고 있었다. "내가 비텐베르크로 돌아가면 무덤에 눕게 될 걸세. 그리고는 구더기들에게 이 멋지고 뚱뚱한 박사를 파먹으라고 선사하겠지."(WA Tr 6, no. 6975; WA 48, 182)

백작 형제들과의 협상은 성공하지 못했고 루터의 소화기도 썩 좋지 못했다. 루터의 표현에 따르면 이제 마귀들이 아이스레벤으로 모두 집결했기 때문에 지옥은 완전히 텅텅 비어버렸다.(WA B 11, 286) 그래도 결국 두 주간 협상 끝에 백작 형제는 타협점에 이르렀다. 루터는 편안한 마음으로 집에 돌아가고자 하며 아내에게 다음 서신을 보냈다.

하나님이 허락하신다면 우리는 이번 주에 집으로 돌아가리라 기대합니다. 하나님은 이곳에서 큰 은혜를 베푸셨습니다. 결국 조언해 주는 사람들의 도움을 받아 두 신사들은 마침내 합의하기로 동의했습니다. 다만 두세 개의 조항은 아직 그대로 남아 있습니다. 이것은 겜하르트 백작과 알브레히트 백작이 주님 안에서 다시 형제로 연합했다는 사실을 설명해 주기도 합니다. 오늘 나는 이들을 나의 식탁으로 초대하기를 원한다는 사실을 확인해야 했습니다.

지금까지 이들은 서로 말도 건네지 않고 오로지 서신을 통해 서로 악감정을 표현할 따름이었습니다. 이 때문에라도 식탁교제를 통해 서로 다시 말문을 트도록 하는 것이 필요합니다. 그 사이 젊은 백작들(자녀)은 서로 즐겁게 지내고 있습니다. 작은 종을 달아놓은 눈썰매를 타고 돌아다닙니다. 이들은 파티 복장을 하고 서로 흥겹게 지내고 있습니다. 겝하르트 백작의 아들도 마찬가지입니다. 따라서 이제 우리는 두 사람의 손을 붙잡고 하나님께서 기도를 응답하시기를 구합니다(WA B 11,300, 14.02.1546. Letter to Käthe)

두 형제는 서로 화해하는 절차에 진입했다. 결국 2월 16일에 최종합의가 이루어졌다. 지금까지 보존되어 있는 루터의 마지막 기록은 루터가 죽은 이후 그의 탁자 위에 남겨놓은 것인데 역시 같은 날짜의 기록이다. 아주 작은 종잇조각에 몇 문장을 기록해 놓았다.

만약 당신이 5년 정도 목동이나 농부로 일해 본 적이 없다면 버질의 "목동의 노래"나 "농경시"를 이해할 수 없을 것이다. 당신이 잘 운영되는 정부에서 40년 동안 일해 본 경험이 없이는 키케로의 서신들을 이해할 수 없을 것이라고 생각한다. 당신이 100년 동안 선지자들(엘리야, 엘리사)과 더불어 회중을 인도해 본 경험이 없다면, 누구도 성경을 충분히 맛보았다고 감히 생각하지 말아야 한다. 따라서 만일 당신이 첫째로 세례 요한과 함께 했고, 그 다음은 그리스도와, 그 다음은 사도들과 더불어 목양하고 있다면 그것 자체가 이미 커다란 기적이다. 당신은 성경 속의 그런 신적인 영웅들을 -그리스 신화 속의 아이에나스와 같은- 감히 이해하고자 시도하면 안 된다. 대신 그들을 존경하고 그들이 남긴 길을 뒤따라야 한다. 우리는 거지이며 그것은 진실이다.(WA T 5, 318, no. 5677)

루터에게 이것은 마지막 순간까지 분명했다. 우리는 하나님을 찾을 수 있고 또한 그 분을 발견할 수 있다. 우리가 하나님께 나아갈 때 우리는 오로지 빈 손을 들고 나아간다. 하나님께서 공급해 주신다. 그럼에도 우리는 늘 빈 손이다(WA 48, 241; WA b 12, 363.).

루터 연구가들은 언제 그가 수도사를 그만두었는가에 관한 질문에 대답하기 위해 애를 써왔다. 과연 1520년 12월 교황의 파문장을 불태워 버린 날, 곧 그를 도피중인 범죄자로 선언한 날이었을까? 아니면 1521년 초 루터를 추적하여 그에게 금지령이 선언되고 교회로부터 그를 파문하여 쫓아낸 날이었을까? 아니면 1525년 그가 결혼식을 올리고 수도승의 순결서약을 파기했을 때 비로소 수도승을 그만둔 것이었을까?

대답은 그 이후에 지속된 루터의 삶 속에서 발견된다. 사실 루터가 죽었을 때, 그때야 비로소 루터는 수도승이기를 그만둔 것이다. 그는 일평생 수도승으로 남아 있었기 때문이다. 물론 루터가 교회의 규칙에 따른 수도승의 신분을 유지한 것은 결코 아니다. 하지만 에라스무스 같은 사람이 이 세상은 수도원이라고 통찰력 있게 말한 사실에 따르면, 루터는 수도승의 삶을 살았다고 말할 수 있다. 수도승의 이상은 국가의 수장으로서, 어머니로서, 채소가게 상인으로서, 그리고 결혼한 수도승의 삶 속에서 구현될 수 있다. 루터는 수도사의 서약을 끝까지 충실하게 지켰다. 평생 동안 순종과 순결과 청빈의 삶을 살았다. 루터는 하나님의 말씀에 순종하는 삶을 살았다. 결혼 생활에서 순결을 지켰다. 그리고 하나님과 사람 앞에서 돈 없이 일평생 거지로서 생활했다.

우리는 거지이다. 이것은 특별히 수도승의 언어이다. 바로 이 마지막으로 남긴 말로써 루터는 수도승의 핵심이 무엇인지 보여 주었다. 우리는 우리 자신의 것으로 드릴 것이 아무 것도 없다. 오직 모든 것을 하나님께로부터 받는다. 루터가 처음 수도원에 들어온 날, 그는 모든 수련승들에게 주어지는 질문을 받았다.

"그대는 이곳에서 무엇을 찾는가?"

루터는 하나님을 찾는다고 대답했다. 그것은 사실이었다. 루터는 에어푸르트에서 하나님을 찾기 시작했고 결국 하나님을 예루살렘 성문 밖에서 [곧 십자가에서] 발견했다.

HERMAN J. SELDERHUIS

02

거룩한
수액

| 베르미글리의 기도에 나타난 영성

서론

　기독교 전통 가운데 있는 다른 대부분의 신학자들과 같이 베르미글리도 시편을 많이 묵상했다. 조직신학적 논의를 위해 바울의 로마서를 집중하여 다루는 사람은 영적인 건강을 위해 시편을 많이 묵상함으로 균형을 맞추어야 할 것 같은 인상을 받는다. 베르미글리는 스트라스부르 아카데미(Strasbourg Academy)에서 한 그의 구약 강의들을 시편에 근거한 기도로 시작하곤 하였다. 시편 87편에 근거한 기도문은 분실된 것으로 여겨지므로 결국 149편 전체 시편들에 근거한 총 297개의 기도들은 그의 사후인 1564년에, 가장 인기 있는 그의 저작이라고 할 수 있는 『신학 총론』(Loci Communes)과 함께 출판되었다. 에미디오 캄피(Emidio Campi)와 존 패트릭 도넬리(John Patrick Donelly)가 이미 이 기도문들의 역사적 배경을 잘 밝혀 주었다. 캄피 교수는 베르미글리의 기도에 대한 그의 논문에서 그리하였고, 도넬리는 이 기도문들의 번역서 서문에서 좋은 작업을 해주었다.[1] 그러므로 필자는 이 글에서 이 기도문들의 내용만을 집중해서 분석해 보겠다. 캄피는 이 기도들은 "상당한 신학적 주제들을" 포함하고 있다고 말하였으나 그의 논문에서 "그러나 이곳은 그것을 논의할 시간과 장소는 아니다"라고 말한 바 있다.[2] 그렇다면 바로 지금 이곳이 그 신학적 내용을 논의할 시간과 장소일 수 있으니 베르미글리의 영성의 맥락에서 이 신학적 주제들을 제시해 보고자 한다.

무엇보다 먼저, 이 기도들은 비역사적(a-historical)이라고 말할 수 있다. 베르미글리는 각 시편들의 역사적 배경에 전혀 관심을 두지 않고 이 시편들을 전적으로 자신이 살고 있는 시대 정황에 직접 적용하고 있기 때문이다. 이러한 접근은 시인들 당대의 상관성에 비추어 시편들을 보는 것에서 한 걸음 더 나아가는 것이다. 이를 테면 베르미글리에게는 시편이 작성되던 시대와 자기 자신이 살고 있는 시대 사이의 역사가 없는 것처럼 여겼다고 할 수 있다. 이 기도문들은 일정한 패턴을 따르고 있다. 그 패턴은 각 기도에 도입된 주제들의 순서를 설명해줄 뿐 아니라 주제 자체를 설명해준다. 전체적으로 보면 이 기도

---

1) Emidio Campi, "The Preces Sacrae of Peter Marty Vermigli," in *Peter Marty Vermigli and the European Reformations: Semper Reformanda* (Leiden-Boston: Brill, 2004), 251-66; Peter Martyr Vermigli, *Sacred Prayers*, translated and edited by John Patrick Donnelly, S.J., (The Peter Martyr Library, Volume Three) (Kirksville: Truman State Univ Press, 1996).

2) Campi, "The *Preces Sacrae of Peter* Marty Vermigli," 262.

들이 다루는 다양한 내용들은 다음 같은 다섯 가지 중요한 주제들로 구분해 볼 수 있다.

I. 하나님의 영광

베르미글리의 영성은 무엇보다도 하나님의 엄위와 거룩성을 깊이 의식하는 것으로 특징지을 수 있다. 각각의 기도는 "전능하신 하나님" 또는 "오 크시고 선하신 하나님"이라는 말로 시작하고 곧 이어서 우리가 둘째 항목에서 다루고자 하는 인간의 무가치함과 자격 없음에 대한 진술이 나온다. 하나님은 최고선(*summun bonum*)일 뿐만 아니라, 선 자체(*ipsam bonitatem*)라고 표현된다.[3] 베르미글리는 모든 피조물들 가운데서 우리는 하나님의 능력과 지혜와 선하심을 볼 수 있다고 고백

---

3) "Deus Opt. Maxime non tantum esse summun bonum, verum ipsam bonitatem." (Ps. 10). 다양한 라틴어 판이 있으므로 이 기도문들의 페이지를 언급하기보다는 이 기도문이 근거하고 있는 시편을 언급하는 식으로 인용하도록 할 것이다. 이 논문에서 나는 1564년 판을 사용하고 있다. *Preces sacrae ex Psalmis Davidis desumptae per D. Petrum Martyrem Vermilium Florentinum, sacrarum literarum in scholar Tigurina professorem, Tiguri, Excudebat Christophorus Froschouerus, anno D.D.LXIII*. 영어 번역은 Peter Martyr Vermigli, *Sacred Prayers*, translated and edited by John Patrick Donnelly, S.J., (The Peter Martyr Library, Volume Three) (Kirksville: Truman State Univ Press, 1996)을 보라.

한다.[4] "이 세상에서 당신님께서 선하심을 증언하지 않는 것은 하나도 없사옵니다."[5] 하늘과 땅과 우주가 모두 "당신님의 의와 지혜의 빛나는 유례들을 보여준다"고 고백한다.[6] 피조계의 전 구조와 아름다움과 질서가 창조자이신 하나님에 대한 정보를 전달할 수 있다는 것이다.[7]

그런데 베르미글리는 그의 기도 가운데서 자연의 장대함과 아름다움으로 인해 하나님께 찬양만 하는 것이 아니라, 이를 기회삼아 하나님께 같은 방식으로 교회를 아름답게 해 달라고, "하나님께서 우주 안에서 그리하신 것보다 교회 안에서" 하나님의 영광과 위엄이 "더 찬란하게 해 달라고" 간구한다.[8]

그는 기도할 때 칼빈의 표현처럼 '가족 같이 아주 친밀하게'(*familiaris*) 하나님께 말씀드리기도 하지만, 그의 태도는 하나님과 사람 사이에 무한한 차이가 있다는 자각에서 유래한

---

4) "*Admirabilis potentia, sapientia ac bonitas, quibus natura tua, omnipotens Deus, cumulatissime praedita est, nobis ubique se offert in rebus abs te conditis.*"(Ps. 19).

5) "*Nihil est in orbe quod te bonum esse non attestetur.*"(Ps. 33).

6) "*Iustitiae at sapientiae tuae sunt luculetissimi testes.*"(Ps. 97).

7) "*Caelum sane cum omnibus ornamentis suis, temporum vicissitudines, stellarum & potentissimi solis iubar, voces merae sunt, & doctrina omnibus populis communis, a qua maiestatis tuae praeconia amplissime celebrantur.*" (Ps. 19).

8) "*Excolere, quo non minus in illa atque in universo vel dignitas tua effulgeat.*" (Ps. 104).

다. 사람이 하나님께 기도하러 나아가 하나님과 말씀을 나눌 수 있다는 것은 은혜로운 기적일 뿐이라는 확신에서 흘러나오고 있다. 모든 영광이 확연히 나타나는 엄위로운 하늘로부터 기꺼이 내려오사 가련한 죽을 사람들을 돌보시려 할 정도로 좋으신 하나님으로 언급된다.[9] 그의 기도에 언급된 또 다른 측면은 하나님의 의로움이다.[10] 그것이 신자들에게는 두려움의 근거이기도 하지만 또 한편으로는 확신의 근거도 된다.

이런 신관은 삶의 유일한 목적은 하나님을 영화롭게 하는 것이라는 관점으로 직접 이어진다. 하나님의 영광을 강조하는 것은 사람과 모든 피조물에게 하나님을 영화롭게 하는 것 외에 어떤 다른 목적도 있지 않다는 베르미글리의 관점이다. 사람은 주님의 영광을 위하여 다른 모든 피조물들을 사용할 수 있는 주권자로 세워졌다.[11] 그리고 신자는 하나님의 이름을 영화롭게 하기 위해 날마다 새로운 이유들을 찾을 수 있고 하나님을 찬양하길 원해야 한다.[12]

---

9) *"Potuerunt quidem caeli opus videri dignum tuo artificio, sed quod te ad hominem caducum atque mortalem tam sollicite curandum volueris adeo demittere, videtur maxima & admirabilis pietatis tuae fignum."* (Ps. 8)

10) *"O Deus, a quo est omnis nostra iustitia."* (Ps. 4)

11) *"Quae patribus nostris, etiam immeritis cotulisti, accedimus te. (…) Quod laudes tuas indies ardentius valeat celebrare."* (Ps. 9).

12) *"Quicumque Deum timent, Christo sunt inaugurati, & studio tenentur pietatis, ad nomen eius celebrandum quotidie alliciuntur, & inuitantur novis rationibus ac infinitis beneficiis."* (Ps. 118).

II. 사람의 부패성

하나님의 영광에 온전히 대립하는 것은 사람의 죄성이라는 것이 베르미글리의 뿌리 깊은 확신이다. 그가 잘 말하고 있듯이, "우리가 죄인이라는 것은 단순한 진실이다."[13] 대부분의 기도에서 그는 다양한 방식으로 사람의 타락한 상태를 묘사한다. 우리가 "얼마나 부패해 있고 태어날 때부터 사악한지는 명약관화하다."[14] 우리는 원죄로부터만 고통을 당하고 있는 것이 아니고, "불행하게 우리가 그에 덧붙이고 있는 무한한 죄들로부터도" 고통을 받는다.[15] 죄들이 우리를 단단히 사로잡고 있고,[16] 우리는 죄와 불법에 빠져 있다.[17] 우리의 죄책은 무한하다.[18] 우리는 "우리를 당신님에게로 인도하는 자연의 역사를" 일축해 버릴 뿐 아니라,[19] 성경과 그리스도의 복음

---

13) "Largiatur nobis spiritus tuus, ut omni fastu & supercilio abiecto, id quod veru est, nos peccatores esse agnoscam."(Ps. 131).

14) "Vides ut corrupti & vitiati a partu aedamur in lucem, qui antea in ipsis iniquitatibus concepti s uimus."(Ps. 51).

15) "Ac infinitis ad illud peccatis adiectis infaeliciter premamur."(Ps. 43).

16) "Non ignari, quod iniquitates oderis, & peccata miruns in modum detesteris: quibus etsi nos teneri non inficiamur."(Ps. 5).

17) "At nos tametsi peccatis & iniquitatibus obristisimus."(Ps. 11).

18) "Infinitis culpis."(Ps. 8).

19) "Qui non modo naturae opera, ad te nos pertrabentia, contempsimus."(Ps. 19).

을 들을 때에도 냉랭한 마음으로 듣는다. 하나님께서 눈을 돌리시고 우리의 비참한 정황을 보지 않으신다고 해도 할 말이 없을 정도이다.[20] 우리는 "극심한 미움과 극단적인 처벌을 받아 마땅하다."[21] 우리의 죄는 아주 끔찍해서 "그 때문에 우리는 현세의 형벌뿐만 아니라 영원한 죽음을 받게 되었다."[22] 베르미글리는 "우리는 무수한 심각한 죄들로 오염되고 더럽혀졌고," 우리가 바랄 수 있는 것은 "중보자요 제사장이신 그리스도의 속죄로 죄 사함을 받는 일"뿐이라고 고백한다.[23] 언약에 신실하신 하나님과는 대조적으로 신자들은 "가장 거룩한 계약과 약속에 미치지 못하는" 사람들일 뿐이다.[24]

죄가 얼마나 우리를 잡아끄는지를 느낄 수 있다고 말하는 사실은[25] 베르미글리가 자신의 경험에 근거해서 말하고 있음을 드러내준다. 또한 그가 우리의 심란하고 상처 입은 양심 가운데서도 하나님께 얼마나 범과했는지를 알 수 있다고

---

[20] "Nunc autem, etsi probe meriti sumus, ut a nostris calamitatibus oculos averteris."(Ps. 10).

[21] "Nos quidem ob peccata nostra, capitali odio & extremis paenis digni sumus."(Ps. 30).

[22] "Peccata nostra confitemur horrenda esse, propter quae, non modo temporarium, sed auternum debetur nobis exitium."(Ps. 22).

[23] "Oramus ut mediatoris & sacerdotis Christi expiatione absoluamur."(Ps. 110).

[24] "Sed ipsos nos fatemur desciuisse asanctissimis pactis atq; conuentis."(Ps. 132).

[25] "Nam illis gravari supra modum sentimus."(Ps. 5).

말하는, 시편 7편에 근거한 기도에서도 잘 드러난다. 이런 의식은 신자를 슬프게 하고, 두려움과 서글픔으로 가득하게 한다. 베르미글리는 "상한 심령과 기가 꺾인 마음"에 대해서 말한다.[26] 시편 102편에 근거한 기도에서는 신자들 안에서 거의 다 말라 버려서 하나님을 향한 찬양을 거의 부를 수 없는 상태에서 "경건의 거룩한 수액"(the holy sap of piety)을 소리쳐 구한다. 그리스도의 몸의 지체 누구도 다른 이를 도울 수 없는 상황 가운데서 거룩한 수액으로 말미암은 활기[生氣]를 외쳐 부르기도 한다.[27] 이 모든 것들은 베르미글리의 영성의 모습을 보여주는데, 그의 은혜의 신학이 죄에 대한 의식을 피상적으로 만들지 않는다는 것을 분명히 해준다. 그에 의하면 [사람에게는] 유일한 피난처가 남아 있다. 우리의 죄와 죄책을 씻어서 지울 수 있는 하나님의 자비라는 샘이 그것이다.[28]

---

26) "*Ad te vigilant oculi nostri, concussa mente ac deiecto corde tuam misericordiam imploramus.*" (Ps. 77).

27) "*In ea pene succus pietatis arescit, os ne tuas laudes canat, est oppilatum, & nullum fere in corpore superest membrum, quod ad alterum iuuandum suo fungatur officio.*"(Ps. 102).

28) "*Hoc unicum suffugium relictum est, ut te misericordiae fontem accedamus, quo nostrum misertus culpas abstergas, iniquitates abluas, peccata deleas, & vitia repurges, quibus & a conceptu & a partu sumus obnoxii.*" (Ps. 51).

III. 칭의와 성화

그러나 거룩하신 하나님과 죄에 빠진 인간 사이의 거리가 베르미글리로 하여금 하나님을 끊임없이 "아버지"라고 부를 수 없게 하지는 않는다. 하나님은 자녀들을 당신님에게로 가깝게 이끄시면서, 동시에 자신과 자기 백성들 사이에 "상당한 거리를 두시는" 은혜로운 아버지(*clementissime pater*)이시다.[29] 베르미글리는 하나님을 "최고의 아버지"라고 언급하기도 한다.[30]

하나님을 우리 아버지라고 언급하는 것이 베르미글리의 선택론과 전혀 상충되지 않는다. 후대에 진전된 개혁신학의 논의들을 생각하면서 그의 예정론이 하나님을 아버지로 언급하는 것을 어떻게든 제한할 것이라고 예상하기 쉽다. 하나님을 그렇게 친밀한 용어로 부르려면 먼저 자신이 선택받은 자인지 확신해야 한다고 생각하기 때문이다. 그러나 꼭 그런 것은 아니라는 말을 먼저 해야 한다. 하나님께 기도하는 사람은 하나님의 자녀이므로 기도는 자신이 택자임을 전제로 한다고 설명될 수 있기 때문이다. 둘째로, 이것도 놀랍게 들릴 수 있는데, 이 기도들에서 선택은 별로 논의되지 않고 있다는 사실

---

29) "*Posses videri, clementissime pater, hoc afflictissimo tempore te quam longissime a tuis abduxisse.*"(Ps. 10).

30) "*Optime pater.*" (Ps. 4).

이다. 선택은 지나가면서 어쩌다가 한 번씩 언급되었고,[31] 그 것이 주도적 주제로 다루어지고 있지 않은 것은 물론이고, 그 자체로 깊이 있게 논의되고 있지 않다. 오히려 베르미글리는 하나님을 자신들의 하나님으로 선택한 자들이 신자들이라고 말하기도 한다.[32] 선택이라는 용어보다는 언약과 그 약속들이 이 기도들에서 더 자주 언급되고 있다. 하나님이 약속들을 자신의 백성에게 주지 않았느냐고 하나님께 상기시키면서, 그러니 그들을 도우셔야만 한다고 말하는 기도들이 무수하다. 하나님께서 자신의 백성을 돕겠다고 약속하셨으니 그리하여 달라고 구할 수 있다는 것이다.[33]

베르미글리는 시편 103편에 근거한 자신의 기도에서 하나

---

31) "*Verum quemadmodum tibi delegisti quos velis seruatos.*"(Ps. 4). 또한 Ps. 90에 근거한 기도도 보라: "*Si nobis gratuamur, omnipotens Deus, tam exuberantem favoris tui copiam, ut nos, quos amore summo prosequeris, ante iacta mundi fundamenta, delegeris, priusquam montes fierent, aut orbis formaretur, destinaris ad tua aeterna bona percipienda, congeminabitur sane gratulatio, si animum adverterimus, quam alioquin & naturae infirmitate, & peccatorum male ficiosimus nihili.*" 또한 Ps. 117에 근거한 기도도 보라: "*Condidisti humanum genus, omnipotens Deus, ut omnes gentes ad communes laudes tui nominis coiungeres, quod ut fieret, antiquitus Patriarchas, Prophetas, & Apostolos.*"

32) "*Quamobrem faelices atque beati sunt bi populi, qui Deum te sibi delegevunt, atque te ut suam eximiam haereditatem, castissime & unice colunt.*"(Ps. 33).

33) "*Et quanquam te non lateat, ut a recto & iustitiae calle saepe declinaverimus, qua de causa probe sumus comeriti, ut a sceleratis & furiosis hostibus pietatis, instar panis ac delicatissimi cibi, & deuoremur, & consumamur, te nihilemus, supplices, precamur, ut quemadmodum pollicitus es, generationi istorum, & tibi fidentibus velle adesse, nos ita miseros & afflictos ne deseras.*" (Ps. 14).

님이 신자들의 아버지시라는 것을 기억하고서 그 백성의 죄를 보지 마시고 "당신님이 우리와 맺으신 언약"을 보아 달라고 간구한다.[34] 시편 105편에 근거한 기도에서는 하나님께 "언약으로 우리가 하나님의 유업을 잇게 된 것을 기억해 달라"고 구한다.[35] 그가 그렇게 부르는 대로, 이 계약(pact)이 영원한 것이었음을 하나님께 상기시킨다. 동시에 그는 하나님께서는 "이 언약을 잊으실 수 없으니," 언약을 늘 기억하셔야 한다고 확고히 한다.[36] 또한 하나님의 말씀과 약속에 근거해서 어려운 때에 당신님의 교회를 도와달라고 간구하는 기도도 있다.[37] 특별히 불신의 시대에 하나님의 자녀들을 상당한 슬픔에 빠지게 하는 믿음의 싸움이 다뤄지는 시편들에 근거한 기도에서 이것이 잘 나타난다. 그런 신앙의 문제를 모르지 않는다는 식의 표현으로 그는 동료 신자들로 하여금 성경 가운데 분명히 진술된 하나님의 약속들에 대하여 다시금 확신을 가지도록 권고한다.[38] 베르미글리와 같이 예정론을 잘 설명하는

---

34) "*Idcirco ne respicias mala nostra merita, imo spectes foedus inter nos & te initum.*"(Ps. 103). 또한 같은 시편에 근거한 기도에서: "*Foedus tuum inter nos & te renouari experiamur.*"

35) (Ps. 105).

36) "*Non enim suspicamur te unquam oblivisci posse foederis quod non semel cum tuis fidelibus inire dignatus es.*"(Ps. 111).

37) "*Nihilo minus verbis & promissionibus tuis cosisi te vehemeter etiam atque etiam oramus, ut ecclesiae tuae bis difficilimis temporibus velis adesse.*"(Ps. 82).

38) "*Cum natura simus admodum imbecilla & undique circumfusi crassissimis*

신학자가 성도들로 하여금 하나님의 선택을 신뢰하도록 하는 방식을 우리가 예상할 수 있다. 그는 하나님과 사람 사이의 언약 관계의 한 부분으로 나타나 있는 계시된 약속들을 언급한다. 하나님의 약속들은 아주 분명해서 하나님의 자비를 얻지 못할 사람은 아무도 없다는 것이다.[39]

이와 같은 아버지와 자녀 관계의 근거는 자기 백성의 죄 값을 치르신 예수 그리스도의 희생에 있다. 그리스도께서 그리하신 이유는 죄인들이 하나님과 다시 바른 관계를 가지도록 칭의를 가능하게 하기 위한 것이다. 죄 사함을 위해 우리는 그리스도의 죽음과 보혈에 의존할 뿐이다.[40] 그리스도께서는 자신을 "(하나님을) 기쁘시게 하는 풍성한 번제로" 드리셨고, 십자가에서 승리하심으로 우리가 구원을 받고 기쁜 즐거움을 얻게 된다.[41] 그의 생명을 십자가에서 내주심으로 그리스도께

---

tenebris, te accedimus, Omnipotens Deus, ac rogamus, ut in animo nostro accendatur lucerna tui spiritus, ita enim sermones tuos impollutos & castissima eloquia sanctarum scripturarum, percipiemus, quibus luculentissime promittitur, te forte protectorem omnium in te sperantium."(Ps. 18).

39) "Atque adeo tam firma fuerunt hactenus haec tua promissa, ut iustus nunquam repertus sit qui tuo fauore destitutus, necessaria ad victum no habuerit."(Ps. 37).

40) "Sed modo nobis id ex animo dolet, ac Iesu Christi filii tui nostrique servatoris confisi morte & sanguine, omnium peccatorum nostrorum veniam abs te serio & ardetissimis votis imploramus."(Ps. 56).

41) "Memor itaque, o Deus, continenter esto, pinguis ac suauissimi eius holocausti, quod in ara crucis pro nobis obtulit, ac largire, ut ex triumpho plenae ipsius victorae nos & salutem, & iucundam voluptatem capiamus."(Ps. 20).

서는 우리의 "죄 사함과 하나님과 친구 됨, 그리고 영생"을 위한 공로를 얻으셨다.[42] 머리 되신 그와 몸인 신자들 사이의 교통을 통해 그의 사역의 열매들이 우리에게 온다.[43] 우리의 죄가 사해졌고 덮어졌다는 것이 우리의 복의 근거이다.[44] 이런 신앙의 기쁨과 행복에 대한 강조 또한 베르미글리의 영성의 한 특징이다. 죄책과 영원한 죽음으로부터 해방되었다는 기쁨이 신자들로 하여금 "공적으로나 사적으로 새로운 찬송을 불러서" 하나님을 찬양하게끔 한다.[45] "더할 나위 없이 훌륭하고 우아한 멜로디와 찬송으로" 하나님이 영광을 받으실 수 있다.[46] 이 모든 것은 신앙이란 그저 정신과 관련된 것만이 아니라 마음도 관여하는 것이라는 베르미글리의 견해에 부합한다. 신앙은 사랑과 신뢰로 구성된다.[47] 베르미글리는 신자들로 하

42) "*Remissionem peccatorum, tuam amicitiam, aeternam vitam meruit.*"(Ps. 22).

43) "*Isque cum iam obtinuerit, habeatque plenissime quicquid expeti aut desyderari possit ad summam felicitatem, non poterit in nos quoque membra eius no diffundi, & redundare multum de salute, donis & gloria ipsius.*"(Ps. 21).

44) "*Admonemur abs te, Deus Opt. Max. in eo sitam esse tuorum foelicitatem, ut illorum peccata condonentur, tegantur, & in tua iudicio ipsis non imputentur.*"(Ps. 32).

45) "*Nouis carminibus publice & privatim.*" (Ps. 40).

46) "*Perpetuo modis & laudib. multo cultissimis efferaris.*"(Ps. 47) 또한 시편 68편에 근거한 기도도 보라:"*Quare tibi deberemus assisdue gratias agere Psalmis, laudibus, piis cantionibus, & omni genere carminum.*"(Ps. 68).

47) "*Concedas, ut te adeo amemus, tibique; eo usq; fidamus, ut praeter te nullum aliud deligamus nobis refugium, per Iesum Christum dominum nostrum, Amen.*"(Ps. 91).

여금 하나님의 놀라운 사역들에 그 마음을 집중시키라고 외친다.[48] 신앙은 영혼 안에 머무르며 계속해서 증진되어야 한다.[49]

위에서 언급한 바와 같이 베르미글리의 영성의 중요한 측면들 중 하나는 신앙이란 여러 가지 "시련"이 가득한 것이라는 개념이다. 그런 시련들 중의 하나는 "우리가 과연 그의 백성이요 유업인가?"에 대한 우리의 의심(*dubitemus*)이다.[50] 어려움만이 아니라 우리에 대한 적대가 너무 많고 심하여 하나님이 과연 우리 편에 계신가를 생각할 정도가 되기에 이런 의심이 일어난다. 또한 우리의 무가치함과 죄악성을 의식할 때 과연 하나님의 자녀일까 하는 결론으로 이끌려질 정도에 이르기도 한다. 셋째로, 신자들이 더 이상 하나님에게서 구원을 발견할 수 없도록 확신시켜서 신자들을 절망에 이르게 하는 원수들이 있다.[51] 사탄은 "우리를 구원에서 멀어지게 하려고 엄청난 증오 가운데로" 몰아간다.[52] 그래서 하나님이 존재하지 않는다는 사상으로써 "악한 도모와 어리석은 생각"으로 이끈

---

48) "Tum celebrare nomen tuum, omnipotens Deus, intermittimus, quando animos nostros admiranda opera tua no subeunt."(Ps. 92).

49) "*Largiaris itaque cum ut fides haec in animis nostris perpetuo augeatur.*"(Ps. 93).

50) "*Illius gentem populum ac haereditatem esse minime dubitemus.*"(Ps. 2).

51) "*Conantur in desperatione agere quasi nos amplius nulla salus in te maneat.*"(Ps. 3).

52) 시편 35편에 근거한 기도를 보라.

다.⁵³⁾ 우리의 신앙은 자주 흔들리고,⁵⁴⁾ 연약하다. 그리스도께서 우리의 왕이시고 그가 모든 능력을 가지셨다고 하나님이 우리를 끊임없이 확신시켜 주셔야 한다.⁵⁵⁾ 우리의 연약한 인간성은 "날마다 수많은 어려움으로 흔들리며 뒤집어진다."⁵⁶⁾ 우리 안에 있는 신앙은 오직 하나님의 자비로 인해 계속 살아있을 수 있다.⁵⁷⁾ 시편 64편에 근거한 기도문에서 베르미글리는 신앙의 원수들을 하이델베르크 요리문답과 같은 방식으로 열거하면서 날마다 우리에게 어려움을 주는 것은 우리의 육신과 사탄이라고 말하고 있다.⁵⁸⁾

여기서 베르미글리의 성령론이 나타난다. 그의 기도에서 성령님은 사람들을 이끌어서 신앙 속으로 데려오는 것만이 아니라, 그들을 그 신앙 안에 머물게 하는 일을 하신다. 하나님

---

53) *"Avertas a filiis tuis, Omnipotens Deus, nepharia illa consilia, & insipientes cogitationes, quibus nobis in animis suogamus te nullum esse."*(Ps. 14).

54) *"Verum quod infirmiter credimus, ac saepe nutat nostra in te fiducia, binc fit, ut simus adeo trepidi atque meti culosi."*(Ps. 27).

55) *"Filium tuum regem ac redemptorem nostrum, summam apud te omnium rerum habere potestatem."*(Ps. 2).

56) *"Iactatur & agitatur, omnipotens Deus, imbecilla hominum natura quotidie infinitis calamitatibus."*(Ps. 69).

57) *"Sed nihile minus pro fide quae in nobis tua misericordia superest."*(Ps. 3).

58) "Satha quippe et eius mali satellites nostra per niciem diu noctuq."(Ps 64). 또한 시편 100편에 근거한 다음 기도도 보라: *"Verum duo praecipue videntur obstare quo id minus a nobis fiat. Primo grauamur innumeris vitiis, & peccatis ita premimur, ut vix ausimus ad te oculos nostros attollere; circum damur praterea, nostrorum scelerum merito, adeo Antichristi metu atq; anxietate, ut parum ab sit quo minus ab ea absorbeamur."*(Ps. 100).

은 우리에게 성령님과 굳은 지조를 주심으로 의심을 떨쳐 버리도록 하신다.[59] 우리로 하여금 소망을 가지게 하고 하나님의 도우심을 신뢰하도록 하는 것도 성령님이다.[60] 신자들을 환난 가운데서 위로하시는 분도 성령님이다.[61]

칭의와 뗄 수 없이 연결되어 있는 것이 성화인데, 성화도 성령님의 구체적인 사역의 하나이다. 하나님께서는 신자들이 "그들의 행동이 흠 없고, 마음이 정결하며, 헛되고 유동적인 선(*vanis & fluxis bonis*)에 중독되지 않고 거짓이나 사악함에 넘어가지 말기를" 요구하신다.[62] 베르미글리는 성령님께 신자들을 새로운 종류의 삶(*novo genere vitae*)으로 회복해 주시고 또 개혁해 주시기를 구한다.[63] 성령님은 "영혼의 소진된 힘(*exhaustas animi vires*)"을 새롭게 해서 신자들이 다시 하나님을 위해 살 수

---

59) "Sed nihilominus pro fide quae in nobis tua misericordia superest, audemus te accedere, & precamur quo in bis adversariorum exprobationibus tantum Spiritus & constantiae digneris nobis suppeditare, ut te unicum praefidiu, decus & vindice fore populo tuo no dubitemus."(Ps. 3).

60) "Fac ut incitati sancto spiritu, nos ipsos perpetuo adhortemur ad sperandum & confidendum tuis auxiliis."(Ps. 42).

61) "Et summa vitissim donantur fiducia, cum in mediis angustiis eos recrees consolationum iucundissimis riunlis, foecundo nimirum tuo spiritu, exerendo raras & admirabiles tui auxilii rationes."(Ps. 46).

62) "Id sane ab illis requiris, ut cadidi sint operibus, mundo corde, non addicti vanis & fluxis bonis, neque fraudum sectatores."(Ps. 24).

63) "Nos vero instaurati ac reformati spiritu tuo novo genere vitae, experiamur in nobis, & annuntiemus eis iustitiam tuam, ita ut illam omnes gentes intelligant."(Ps. 97).

있도록 하신다.[64] 하나님의 율법을 지키고 살려면, 하나님이 우리의 마음에 가르침을 주실 그의 성령님으로 우리를 도와주셔야만 한다.[65] 이 관계가 얼마나 가까운지는 신자들이 "이웃에 대하여 순수한 마음과 깨끗한 손과 계속적인 신실성을" 가지고 있을 때만 "우리 행복의 목표와 정점이신" 하나님에게 도달할 수 있다는 베르미글리의 말에서 잘 드러난다.[66]

성화는 또한 교회의 가르치는 사역을 통해서 증진된다. 자녀들을 가르치고 그들을 위해 모범이 되는 것도 교회의 사역이다.[67] 성경을 읽고 교리를 가르치는 목적도 순결한 삶을 살도록 하기 위해서이다. 베르미글리에게 칭의와 성화는 동전의 양면과도 같다. 이 둘 모두는 온전히 하나님께만 의존한다. 시편 1편에 근거한 기도에서도 분명히 드러났다. 그는 거기서 하나님께서 도우셔야만 한다고 할 뿐만 아니라, "우리의 영혼들을 깔보는 경건과 냉소적인 덕들로부터 지켜 주셔야만 한다"고 쓰고 있다.[68] 성화는 성경을 읽고 연구함으로 증진되고,

---

64) "Sancto spiritus irreges exhaustas animi vires: ut vinamur tibi."(Ps. 102).

65) "Sed omne humanum studium, prorsus, optime pater, inutile ac vanum esse agnoscimus, ni tu spiritu tuo adsis, & nostros animos doceas."(Ps. 119).

66) "Verum enim vero, ad te, qui ut dominus es omnium, ita etiam haberis, neque falso, extremu ac summum nostrae faelicitatis peruenire non datur, nisi quibus corpurum, innocentes manus, & constans fides in proximu suum fuerit."(Ps. 24).

67) "Doctrina & exemplo."(Ps. 128).

68) "Flagitiosam ne finas nos incurrere: demumq; a cotemptione pietatis, & risu vir tutum procul animos nostros remoueas."(Ps. 1).

하나님의 말씀을 날마다 묵상함으로 신자들은 열매를 맺는다. 그것은 또한 성령의 은사들을 계속 가질 수 있는 수단이기도 하다.[69]

IV. 죄와 형벌

베르미글리의 기도에 나타나는 네 번째 주제는 죄와 그에 대한 형벌의 관계이다. 그 관계가 아주 분명한 원인과 결과의 문제이기 때문에 패턴이 사실 그렇게 복잡하지는 않다. 고난, 어려운 문제들과 힘든 것들이 궁극적으로는 하나님으로부터 온다. 사탄과 그 사자들도 하나님의 허락하심이 아니고서는 우리를 대적할 수 없기 때문이다. 우리가 감사하지 않고 거룩하지 않으며 믿지 않을 때, 하나님께서는 그런 것들을 우리에게 주실 수 있다. 시편 127편에 근거한 기도에서 베르미글리는 "우리가 감사하지 않고 그와 같은 크고 놀라운 유익들을 몹시 오용하였기에, 당신님께서는 지금 인간의 노력과 기지로는 조금도 벗어날 수 없는 큰 어려움으로 마땅하게 우리를 시

---

69) "Sic enim tempestiuos & suaves fructus, fide verbis tuis adhibita proferemus, neque spiritus Sancti ornamentis exspoliabimur, imo successus faelices perpetuo nostras actiones consequetur."(Ps. 1).

련하기 시작하셨사옵나이다"라고 진술한다.⁷⁰⁾ 그는 신자의 죄들이 하나님의 도움을 얻는 일을 방해하는 것으로 여긴다.⁷¹⁾ 그래서 용서를 구하는 기도가 원수들로부터 우리를 구해 달라는 기도보다 먼저 나온다.

시편 1편에 근거한 기도에서 베르미글리는 신자들이 죄인들의 길로부터 벗어나지 않은 죄를 회개하며, 그들이 "건전한 권면과 건강한 실천들을" 우스운 것으로 여긴 것에 대해서, 그리고 하나님의 말씀을 무시한 것에 대해서 회개한다. 이와 같은 죄들을 생각한다면 다음 같은 결론은 불가피하다. "안타깝게도 우리가 그렇게 오랜 동안 오용하였으니 지금 우리가 행복과 평온을 경험하기보다는 견디기 어렵고 진저리나며 고통스러운 경험을 해야 한다는 것은 놀라운 일이 아니다."⁷²⁾ 거기에 타락한 인간의 본성이 결합된 것을 생각하면⁷³⁾ 우리 모두는 형벌 받아 마땅하다.⁷⁴⁾ 베르미글리의 견해에, 더구나 하

---

70) "*Nunc autem quod ingrati fuimus, & beneficiis tantis ac talibus pessime sumus abusi, merito coepisti nos exercere tataru reru difficultate, a qua hominu labores & industrae minime valet nos explicare.*"(Ps. 127).

71) Cf. "*Auferas imprimis iniquitates nostras, quae maxime videntur obstare, ne praesenti inopiae atque calamitati auxilium feras, nos enim ipsae, nec aliud quippiam, dirimunt ac distrahunt a tua misericordia.*"(Ps. 127).

72) "*Quare haud miru si pro foelicitate & tranquilla pace, qua hactenus diu satis proh dolor ab usi sumus, omni modo gravia molesta & acerbissima cogimur experiri.*"(Ps. 1).

73) "*Ac summa omnium virium piorum hominum.*"(Ps. 18).

74) Cf. "*Meremur pro culdubio, Omnipotens Deus, pro nostris malis admissis, ae infinitis culpis.*"(Ps. 6); "*Agnoscimus plane, agnoscimus, inquam, ob peccata*

나님의 자녀들의 죄들은 하나님 앞에서 더 크고 악하니 "아무리 견디기 어려운 것이라 할지라도 우리가 마땅히 받을 만하지 않은 것은 없다."[75] 상황이 이러하기에 우리가 할 수 있는 것은 우리가 행한 대로 갚지 마시고, 당신님의 은혜에 따라 처분해 달라고 기도하는 것뿐이다. 베르미글리는 신자들이 하나님의 법을 저버렸고, 하나님의 계명대로 행하지 않았으며, 하나님의 거룩한 의식들을 더럽혔고, 하나님의 뜻에 순종하지 않았다고 고백한다. 이 모든 것 때문에 그들은 하나님에 의해 형벌 받는 것을 감히 반박할 수 없고, 그들은 하나님의 자비를 거두지 말아 달라는 기도밖에는 할 수 있는 것이 없다고 인정한다.[76] 때때로 마치 하나님께서 그들의 죄악 때문에 교회를 버리신 것 같아 보이기 때문에 이런 기도가 필요하다.[77] 우리가 하나님께 부담과 슬픔의 원인이 되었으므로 하나님은 원수들을 흔들어 우리를 막도록 우리를 위기 가운데로 데려 가신

& gravia facinora in te admissa, nos dignos esse qui in haec inciderimus."(Ps. 123); "Quod profecto, si peccata nostra intueamur, non possumus inficiari commeritas esse."(Ps. 124).

75) "Nobis vero clementissime pater, ne facias pro meritis iniquitatum nostraru, ita peccauimus, tam praui in conspectu tuo fuimus, ut nulla supplicia quamuis gravia non mereamur."(Ps. 109).

76) "Ut nunc quoque cum maxime opus est, fidelium necessitatibus, ut solitus es, consulas." (Ps. 89).

77) "Memineris illam esse haereditatem atque electam possessionem tuam, quam licet ob iniquitates nostras videaris interdu abiicere."(Ps. 108).

다.[78] 그러나 원수들은 하나님의 형벌의 도구로서만 분노하는 것이 아니다. 그들은 "부분적으로 개혁된 종교"를 가진 사람들과[79] 하나님께 대한 예배를 회복한 사람들에 대한 미움으로 분노하기도 한다.[80]

또한 베르미글리는 시편 30편과 함께 하나님의 진노는 오래가지 않고 곧바로 "영속하는 최고의 자비로" 바뀐다는 사실도 지적한다.[81] 시편 90편에 근거한 기도에서 베르미글리는 "하나님이 다시 하나님이 되시옵소서"라는 구절로 간구한다.[82] 이는 하나님이 형벌하실 때는 본심으로 하시는 것이 아니라는 것을 시사한다. 그러니 필요한 것은 전심으로 회개하는 것이다. 회개를 통해서 우리가 이런 형벌로부터 건짐 받을 수 있기 때문이다.[83]

---

78) "*Idcirco modo in nos excitastitam superbos & crudeles hostes, per quos in magnum discrimen adducti summus.*"(Ps. 95).

79) 이 구절이 개혁자들과 그들을 따르는 자들에 대한 언급임을 우리는 곧바로 인식하게 될 것이다 (역자 주).

80) Cf. "*Et ipse vides quam immerito: nam etsi ita graviter peccavimus, ut duriora, quam ista sint, nobis accersiuerimus supplicia, tamen haud propter nostra peccata istas foueas nobis foderunt adversarii, sed ob religionem aliqua to expurgatam, & tuum cultum instauratum nos persequuntur, imo extinctos vellent.*"(Ps. 119).

81) "*Quam statim mutas in diuturnam & summam benevolentiam.*"(Ps. 30).

82) "*Ad te redeas, optime pater.*"(Ps. 90).

83) Cf. "*Admiranda tuae seueritatis exempla, omnipotens Deus, qua regnum Israelitarum euertisti, ac tibi rebellem popolum caedibus, rapinis, praedae, incendiis, captiuitati et omni aerumnarum genere inuoluisti, sint nobis precamur salutaris admonitio, ut oenitentiam alacri animo capessamus, atque*

그런데 베르미글리의 기도에는 죄와 형벌의 이 인과성으로 인한 하나님에 대한 성경적 경외감 외에 다른 의미에서 하나님을 두려워해야 한다고 말하는 흔적은 없다.[84] 인간의 악한 상태는 우리를 하나님으로부터 물러서도록 하는 것이 아니라, 그의 경고에 귀를 기울이게 한다. 베르미글리가 표현하듯이 "아버지의"[85] 경고로 여기며 하나님의 은혜를 간청하게 한다. 사실 하나님께서는 "아비의 심정으로" 징계하시기 때문이다.[86]

그의 동료 개혁신학자들과 온전히 일치하게 베르미글리는 시편 속에도 이런 본질적 질문들이 충만하다는 것에 의문의 여지를 남기지 않는다. "왜?"라는 질문이 제기될 때조차 베르미글리는 앞서 언급한 패턴을 따라서 곧바로 대답을 내어놓는다.

베르미글리는 신자들의 죽음 뒤에 그리고 그리스도의 재림 뒤에 일어날 심판에 대해서도 자주 언급한다. 그리스도를

---

per illam a gravibus eripiamur poenis, quas ob innumera peccata commeriti sumus."(Ps. 79).

84) Cf. "Quare id nobis reliquum intelligimus, ut quicunq; tuo praediti sunt timore, & ad Israelem spiritualem pertinen, regnoque & sacerdotio Christio inserti sunt, ut unum te sibi auxilium & defensorem constituant."(Ps. 115).

85) "Paterna sit, ut erga tuos consueuisti, admonitio."(Ps. 38).

86) Cf. "Non est sane contemnende pietatis, Omnipotens Deus, cum de aegrotantibus tum etiam de piis omnibus, quos interdum corripis adversis casibus, probe iudicare, quasi nimirum qui paterno castigaveris animo sis illos facile erepturus, viuisi caturus, atque demum tua praesentia beaturus."(Ps. 41).

믿는다고 해서 신자들이 그들의 삶에 대해서 책임을 다했는가에 대한 심판이 사라지는 것은 아니다. 그리스도께서 가장 공정한 심판자로 오실 것이므로 우리는 그를 경외하고 그에게 합당한 영예를 돌려야 한다.[87] 여기서 신앙과 성화가 밀접히 연결되는데, 은혜와 선택보다 행위가 더 결정적이란 인상을 받을 만한 정도이다. 그래서 베르미글리는 신자들이 "내세에 하나님 앞에서 심판을 무사히 통과할 수 있게" 해주시길 기도한다.[88] 마치 신자가 이 심판을 통과할 수 있을는지 불확실한 것 같은 인상도 준다. 여기에 베르미글리의 영성에 분명한, 그러나 성경적인 긴장이 나타난다. 한편에는 하나님의 선택과 함께 하나님께서 그의 자녀들이 이 심판을 통과하도록 지켜주실 것이라는 사실에 근거한 영원한 구원의 확실성이 있다. 그러나 또 한편에는 들어가기에 충분한 것을 얻기 위해서 거룩한 삶을 살라는, 열매를 내라는 끊임없는 호소가 있다. 그의 기도들 안에는 바른길에 서는 것과 "우리의 복된 부활" 이후 (*post beatam resurrectionem*) 그리스도의 기쁨을 누리는 것 사이가 직접 이어져 있다.[89]

---

87) "*Quandoquide iustissimum sumus habituri iudice D. nostru Iesum Christum, par est ut illum perpetuo & timeamus & reuereamur.*"(Ps. 72).

88) "*Verum etiam in altero secule cora te, qui via iustorum optime nosti, possimus in iudicio subsistere.*"(Ps. 1).

89) "*Post beatam resurrectionem, delectationibus perfruamur solidis, quas duntaxat in manu tua profitas esse credimus.*"(Ps. 16).

베르미글리의 기도들 안에 있는 전체적인 사유의 줄기는 교회가 그 안에 있는 신자들의 죄 때문에 제대로 된 모습을 지니고 있지 못하다는 것이다. 경건이 부족하고 하나님을 찬양하는 것이 부족하여서 교회가 하나님의 형벌을 받고 있다는 것이다. 베르미글리는 다른 사람들을 비난하지 않고 이런 죄를 범한 것이 바로 우리 자신이라고 말한다.

V. 교회

이제 우리는 베르미글리의 기도들의 다섯 번째 중요한 주제인 교회에 대해서 관심을 기울일 때가 되었다. 하나님께서는 자신을 위하여 교회를 선택하셨고,[90] 여러 민족들 가운데서 불러 모으시어 "사람의 힘으로가 아니라 당신님 자신의 손으로" 교회를 세우셨다.[91] 하나님께서는 이 교회를 "돌로 만든 빌딩이나 대리석으로 만든 성전이 아니라 살아 있는 인간

---

[90] "*Verae ecclesiae, qua tibi delegisti.*"(Ps. 4).

[91] "*Summa bonitate, Omnipotens Deus, Ecclesiam tibi ex multis gentibus collegisti, manu tua plantatam non humanis viribus.*"(Ps. 44). 또한 "*Gratias tibi propterea imprimis agimus, quod sis dignatus ex hoc nostro numero tibi Ecclesia deligere.*"(Ps. 75).

의 마음 안에" 세우셨다.[92] 하나님께서 이렇게 (성도들을) 모아 들이시는 것은 계속적인 과정이다. 그래서 베르미글리는 하나님께 "새로운 백성들을 믿음으로 정복해 주시고, 이제까지 신앙이 없었던 나라들로 하여금 당신님의 말씀을 순종하도록" 선교를 위해 기도한다.[93] 교회는 신앙에서만 성장하는 것이 아니라 숫자에서도 성장한다.[94] 하나님의 이름을 부르는 사람들의 수가 날마다 증가하게 해 달라는 것이 베르미글리의 기도이다.[95] 그리스도를 위하여 사람들을 얻어 그리스도의 왕국이 진전되는 것을 돕는 것이 모든 신자들의 과제이다. 사람들이 교회에 들어와서 거기서 구원을 발견하고 하나님의 선하심을 찬양하게 되면 진지한 열심과 기쁜 열망과 뜨거운 지지로 사역에 참여한다.[96] 교회가 성장하는 방법들 가운데 하나는 신자들이 같이 살면서 함께 의논하고 함께 경배하는 것이다. 형제들과 자매들 사이에 분열이 있는 곳에서는 교회가 약화된

---

92) *"Dignatus es, omnipotens Deus, Ecclesiam tibi cogere in terris, ac no in aedes lapideas aut marmorea templa inferre, sed in viva hominum pectora."* (Ps. 47).

93) *"Perge subiicere fidei nouos populos, & verbos tuo parere facias quae hactenus fuerunt infideles nationes."* (Ps. 47).

94) *"Cum numero tum etiam fide, atq."* (Ps. 105).

95) *"Sic indies te vere inuocantium numerus amplior fiat."* (Ps. 119).

96) *"Promotionem regni Christi, Deus Opt. Max. conuenis omnes fideles ingenti plausu, admiratione laeta bunda, & studiosissimo fauore prosequi: nam ibi & declaratur tua bonitas & ipsi nostrae salutis compotes efficimur."* (Ps. 47).

다.⁹⁷⁾ 베르미글리에게 이것은 거의 구원의 사슬(catena salutis)과 같다. 왜냐하면 교회 안에 조화가 있을 때 사람들이 하나님의 이름으로 모이고 그의 임재를 누리며 그의 복을 받고, "결국에는 영생에 이르게 되기" 때문이다.⁹⁸⁾ 교회가 사랑과 평화와 자비 안에서 하나가 될 때 하나님으로부터 스스로를 분리시켰던 다른 사람들을 이끌어 들인다.⁹⁹⁾

모든 피조계가 하나님의 선하심을 드러내고 있지만, 교회는 하나님이 특별히 사역하시는 곳이다. 참된 교리가 있고 백성들이 하늘에 이르는 길을 제시받는 곳이므로 그 안에서 하나님이 찬양을 받으시고 영광을 얻으신다. 베르미글리는 백성들이 "당신님을 찬양하고, 거룩한 교리를 듣고, 성례에 바르게 참여하기 위해" 함께 모이는 각 회중들이 되기를 바라며, 교회의 회복을 위하여 기도한다.¹⁰⁰⁾ 베르미글리에게 구약의 이스라엘 백성들이 교회였다는 것은 의심의 여지가 없다. 그러

---

97) "Quando inter se quam coniunctissime viuunt & optimis rationibus conspirant ad te colendum, omnipotens Deus, illi qui tuo nomine sunt insigniti, clara et potens Ecclesia indies magis atque magis efficitur."(Ps. 133).

98) "Benedictionem tuam opulentissimam experiantur, & aeternam vitam demum percipiant."(Ps. 133).

99) "Cum omnes credentes, Deus Opt. Ma. tua benignitate in filios adoptaueris, davt qui sancta generatione sumus fratres amore, pace atque charitate perpetua simul iungamur, quo & dum hic viuimus ex huius modi pace voluptatem synceram capia mus, & omnibus aliis abs te alienis suauissimus odor simus ad aeterna salute."(Ps. 133).

100) "Laudes promovendas, doctrinam sacram audiendam & sacramenta rite percipieda."(Ps. 84).

나 신약의 교회가 이제 구약의 교회를 대치한 것이라는 일종의 대체 이론을 그가 고수했다는 말은 아니다. 그와는 정반대로 그에게 구약의 이스라엘은 참 교회였고, 이제 신약 시대에는 유대인이 아닌 사람들도 포괄할 수 있게 교회가 확대된 것이다. 그래서 베르미글리는 영적인 이스라엘에[101] 대해서, "당신님의 교회인 참 이스라엘"이라고 하기도 하고,[102] "당신님의 이스라엘"이라고 지칭하기도 한다.[103] 그런데 역사의 라인(the line of history) 외에도 유비의 라인(the line of analogy)이 있다. 하나님께서 이스라엘을 원수들로부터 구원해 내셨던 것과 같이, 오늘날도 하나님께서는 교회의 원수들에 대해서 같은 일을 하신다. 이 유비에 따라서 베르미글리는 종교개혁을 그의 교회와 맺은 하나님 언약의 갱신이라고 본다.[104]

히브리 시편들과 그에 대한 동료 신학자들의 주해적 접근과 비교해서 놀라운 것은 베르미글리가 각 시편을 개인적인 기도로서는 별로 관심을 두지 않고, 신자들 공동체인 교회의 기도로 여긴다는 것이다. 따라서 베르미글리의 거룩한 기도들도 단수가 아니라 복수이고, 그는 계속해서 "우리가", "우리에게", 그리고 "우리가 서로"라고 하면서 간구한다. 이것은 베르

---

101) *"Israelem spiritualem."*(Ps. 115).

102) "Veri Israelis, hoc est Ecclesiae tuae."(Ps. 130).

103) *"Tuo (…) Israeli."*(Ps. 12).

104) *"Foedus tuum inter nos & te renouari experiamur."*(Ps. 103).

미글리의 영성이 개인주의적이었다고 말할 수 있는 여지를 남겨두지 않는다. 그는 아주 간혹 개인 신자에 대해서 말한다.[105] 베르미글리의 영성은 먼저 교회가 있고 그 후에 신자가 있다고 말할 수 있을 정도인데, 이것은 그리스도의 몸으로서의 교회가 본질적임을 뜻한다. 그가 말하는 "하나님 앞에서"(coram Deo)란 항상 다른 모든 신자들과의 교제 가운데서 하나님 앞에 있는 신자의 모습이다. 그래서 하나님께 나아가는 길에서 서로 돕고, 그의 거룩하심을 기억하라는 권면이 주어진다.[106] 교회에 속해 있고 교회의 거룩한 가르침을 함께 믿는 모든 사람들은 "서로 친구와 충실한 형제들이" 될 수 있는데, 이런 교통과 교제의 근거는 교리를 같이 믿는다는 것이다. 그래서 그는 "우리가 공유하는 확신의 향기"에 대해서 말할 수 있었다. 이는 될 수 있는 대로 멀리 퍼져 가는 상호의 사랑과 같은 것이다.

어떤 기도들에서는 16세기의 구체적 상황과의 연관성이 아주 분명히 나타난다. 어떤 편에 하나님이 서시는가 하는 것이 베르미글리에게는 아주 분명했다. 종교개혁은 하나님 앞에서(coram Deo)를 말하는데, 로마 교회는 하나님을 대적하였

---

105) "Potuerunt quidem caeli opus videri dignum tuo artificio, sed quod te ad hominem caducum atque mortalem tam sollicite curandum motueris adeo demittere, videtur maxima & admirabilis pietatis tuae signum."(Ps. 8).

106) "De commemoratione tuae sanctitatis nos inuicem perpetuo commonefaciamus."(Ps. 97).

다(contra Deum). 그래서 베르미글리는 종교개혁의 교회가 로마 교회와 투쟁하며 하나님께 도와 달라고 소리를 높일 때 시편의 보복해 주시기를 구하는 간구를 자신들의 간구로 할 수 있었다. 시편 58편에 근거한 기도에서 베르미글리는 적그리스도가 "경건과 종교에 대해" 공의회를 계획하고 있으나, 그것은 사실 하나님의 교회를 해치려는 실제적 계획을 은폐하는 것이라고 하나님께 아뢴다.[107] 이것은 1545년 5월과 6월에 있었던 제1차 슈말칼덴 전쟁(the First Schmalkaldic war)과[108] 거의 동시에 있었던 트렌트 공의회[109] 준비에 대해서 말하는 것임이 분명하다. 베르미글리는 하나님께서 이 계획을 쳐부수셔서 그들이 교회에 어떤 해도 가하지 말게 해 달라고 기도한다. 그에게는 시편에 언급된 원수들이 개혁자들이 그들의 시대에 직면한 원수들과 동일하다는 것에 어떤 의심도 없었다.[110] 그

---

107) "Antichristus & omnia eius membra, Deus Opt. Max. iam nihil aliud voluunt animo contra Ecclesiam tuam, quam iniquitates & iniustissima cogitata, cumque speciem sibi faciant & haberi velint Concilium pietatis atque religionis, re tamen ipsa nil moliuntur nisi mendacia."(Ps. 58).

108) 이는 1546년 7월 10일부터 1547년 5월 23일에 있었던 슈말칼덴 전쟁 전에 있었던 전쟁을 지칭하는 것임에 유의하라 - 역자 주.

109) 이 공의회가 1545년 12월 13일에 시작되었기에 이렇게 말하는 것이다. 1545년 12월에 시작되어 1563년 12월 4일까지 25번의 회기로 모였다. 이 공의회를 소집한 바오로 3세(Pope Paul III)는 처음 8회기를 주재하였고 (154547), 12회기부터 16회기(155152) 율리우스 3세(Julius III)가 주재하였으며, 17회기부터 25회기는(156263) 비오 4세(Pius IV)가 주관하였다(역자 주).

110) "Rogamus praeterea caelestis pater, ut hoc nostro difficillime tempore non deseras Ecclesiam tuam: vides quippe ut crudeles, malitiosi & impii. Anti-

러나 이 원수들은 로마 교회만이 아니고, "복음과 교회개혁이 참을 수 없는 짐이며 무거운 멍에라고 생각하여, 모든 방식을 동원하여 신자들의 모임을 어지럽히고 모든 권징을 거부하려는" 모든 사람들도 원수이다.[111] 베르미글리는 자유방임주의자들(libertines)을 지적하고 있다. 그러나 베르미글리가 원수들을 무너뜨리고 참된 교회에 반대하는 사람들에게 보복하여 달라고 기도한 사례는 비교적 적었다.[112] 로마 교회가 아주 명백히 적그리스도와 그의 군대와 동일시되어 나타난 곳도 아주 적다. 그의 기도에서 "원수들"이라는 용어가 꽤 일반적으로 나타나는 것은 각별하다. 기도의 강조점은 원수들의 파멸이 아니고 하나님의 백성들의 구원에 맞춰진다. 더 나아가 베르미글리는 교회의 원수들을 위해서도 기도하는데,[113] 특히 하나님께서 그들의 눈을 열어 주셔서 "참된 교회의 형태를" 볼 수 있게 해 달라고 구한다.[114] 당면한 교회 개혁의 문제는 하

---

christi eam inuaserint."(Ps. 101).

111) "Hoc tepore sentimus Deus Opt. Max. non solum antichristum sed omnen vim & potentiam mundi aversum te conspirasse & Christum tuum: ut qui putent euangelium & ecclesiae instaurationem esse vincula intollerabilia & iugum durissimum, idcirco annituntur omnibus rationibus, ut fidelium societates disrumpant & amrem abiicians disciplinam."(Ps. 2).

112) "Ac tandem in adversarios tuae gloriae, dolores & calamitates effundantur."(Ps. 32).

113) "Ab his potissimum pro quorum salute perpetuo te oravit Ecclesia."(Ps. 109).

114) "Formam verae Ecclesiae."(Ps. 4)

나님의 율법을 더 신실하게 지키는 것뿐 다른 목적이 없으므로 그에게 개혁은 종교와 경건의 개혁이었다.[115] 원수들이 그럴 만한 가치는 없지만[116] 그들을 위한 이런 기도는 교회의 자비에서 나오며, 특히 어머니 같은 교회의 돌봄에서 이루어진다.[117]

결론: 순례로서의 삶

시편에 근거한 이 기도들에 나타나는 베르미글리의 영성은 삶이 순례라는 강력한 뜻을 비춘다.[118] 우리는 순례자로서 이생을 보낸다. "강물처럼 흘러가는 거칠고 무상한 삶을" 우리가 이끌어간다.[119] 하나님께서 그리스도 안에서 우리에게

---

115) *"Tantum enim contendimus, ut religionis ac pietatis instauratio provehatur, ad mandatorum tuorum observatione & synceriorem legis observantia."*(Ps. 17).

116) *"Non merentur ut illis foelices precemur successus, eum impia sint illorum incoepta."*(Ps. 129).

117) *"Illa ut benigna est, eos materna charitate diligit, atque pro illorum salute precibus, cum inflammatis tum etiam frequentibus, te orat."*(Ps. 109).

118) *"Vitam hanc peregrini."*(Ps. 7).

119) *"Vitam plane degimus & miseram & fugacissimam, quae instar aquarum diffluit."* (Ps. 90).

내려오셨고, 그의 영으로서 우리와 함께 계시지만, 그럼에도 교회는 여전히 "당신님으로부터 멀리 떨어져서 순례의 길에 있다."[120] 하나님의 교회는 영원을 향해 가는 길이며, 이 여행 중에 교회는 끊임없는 위험과 공격에 노출되어 있다. 우리가 "이 세상에 사는 한 셀 수 없는 위험 가운데 있나이다."[121] 베르미글리의 이런 식 상황 묘사는 결국 지옥에 떨어질 것과 같은 끊임없이 위험한 현실을 표현하는 것이다. 우리는 사방으로 우겨쌈을 당하여 유혹들의 공격을 받고, 그 유혹들을 물리치지 못하는 많은 사람들은 "영원한 정죄(aeternam damnationem)에 떨어진다."[122] 끝까지 견디는 자들만이 이 유혹들을 물리칠 수 있다. 교회가 범죄하였다. 즉 신자들이 범죄함으로써 밖에서 오는 것과 함께 안에서 발생한 문제로 인해 교회가 어려움을 당한다. 교회는 그런 고통을 받아 마땅하지만 이 과정 중에도 교회를 안전하게 보호해 달라고 하나님께 끊임없이 기도한다. 원수들 외에도 "우리의 연약성과 무지"의 문제가 있지만,[123] 우리가 잃어버린 자가 되지 않으려면 하나님의 계명들

---

120) "Cum itaq; res ad hunc modum habeat dum hic abs te peregrinamur."(Ps. 97).

121) "Te faventem atque propitium habere optamus, Deus coelestis pater, quo du preces & vota nostra effundimus, ea, prous bonus es, clementer audias."(Ps. 18).

122) "Et gravissimis, ut sit quotidie, tentationibus undique saevientibus, quibus infiniti mortales praecipitantur in aeternam damnationem."(Ps. 91).

123) "Nostrae infirmitati atque in scitiae."(Ps. 7).

을 이해할 수 있는 하나님의 빛이 필요하다.

우리가 이제까지 논의한 다섯 가지 주제들이 한 문장에 다 모아져 있다. 베르미글리가 시편 103편에 근거하여 간구하는 기도이다.

우리로 하여금 당신님과 우리 사이에 있는 언약의 갱신을 경험하게 하소서. 그것이 다시 수립된 후에는 우리의 거룩한 삶으로써 당신님의 계명과 율법을 구현하려는 최선의 노력을 기울이게 하소서. 그리하여 이 땅에 있는 교회가 우리를 구원하신 하나님의 선하심에 합당한 감사를 드리게 하옵소서. 또한 가장 열렬하게 하나님의 뜻을 수행하는 천사들도 하나님의 선하심을 찬송하게 하소서. 우리 주 예수 그리스도의 이름으로 기도하옵나이다. 아멘.[124]

---

124) *"Foedus tuum inter nos & te renouari experiamur, & eo restituto, summa studio contendamus vitae sanctitate mandata et legem tuam exprimere, quo de nostra salute non modo terrena Ecclesia, verum angeli quoque, qui tuam voluntatem summa alacritate exequuntur, bonitati tuae meritas gratias agant, per Iesum Christum dominum nostrum, Amen."*(Ps. 103).

HERMAN J. SELDERHUIS

03

마르틴 부써와
목회 사역

I. 서론

목회의 위기는 교회 위기의 원인이다. 이 한 마디에 부써의 목회적 관심과 목회를 계속적으로 개혁할 필요에 대한 그의 견해가 잘 드러난다. 원인과 결과를 정확히 구별하는 것이 본질적으로 중요하다. 교회가 부패 상태로 빠져버린 원인은 바로 목회의 부패에서 시작되었다.[1] 성경적인 올바른 목양의 결핍은 교회가 비참해지는 결과를 빚는다. 바로 이러한 관점에서 부써는 목회의 개혁에 관심을 쏟았다.

부써에게 종교개혁이란 무엇보다도 성경으로 돌아가는 것이며, 또한 초대 교회로 돌아가는 것이다. 그러므로 목양에 대한 부써의 관심은 또한 역사에 대한 관심과 연결되어 있다. 초대 교회에서는 모든 일이 괜찮았다. 황제와 교황, 교회의 영적 권위가 제각기 맡은 위치와 임무를 잘 이해하고 있었다. 교회

---

1) "사람들의 나태와 어리석음과 불법으로 인하여, 심대한 해악이 세상이 창조된 이래로 모든 시대에 늘 거듭해서 교회에 있었다는 것은 분명한 사실이다." *Einfaltiges Bedencken, Reformationsentwurf für das Erzstift Köln von 1543*, Übers. und hrsg. von H. Gerhards und W. Borth(Düsseldorf 1972), 172.

의 권징이 여전히 적절하게 실행되었으며, 설교가 이루어졌고, 심방도 있었다. 그러나 이 모든 것이 부패하기 시작하면서 교회 자체도 점차적으로 부패하였다.

목양에 대한 부써의 생각을 알기 원하는 사람이라면 무엇보다도 먼저 부써가 쓴 목양에 관한 핵심 저서『영혼의 참된 돌봄에 관하여』(*Von der waren Seelsorge*)를 당연히 살펴볼 것이다.[2] 사실 이 책은 목회자와 교회의 목양에 관한 주제를 다룬 종교개혁의 첫 번째 안내서이다. 이 책은 목양에 관한 성경 구절들을 체계적으로 다루고 있으며, 교회가 목양의 임무를 어떻게 감당할 것인지를 설명해 주고 있다. 부써는 또한 다른 저서들을 통해서도 이 주제를 다루었다. 이 글은 다른 저서들을 참조하면서,『영혼의 참된 돌봄에 관하여』가 특별한 목적을 위한 저술이나 논쟁을 위한 글이 아니라, 목양에 관한 진정한 관심에서 나온 부써의 발언임을 나타내고자 한다.

---

2) *Martin Bucers Deutsche Schriften*, (Gütersloh 1960 etc. (= BDS), Vol. 7, 67-245.

II. 목회 신학

목양에 관한 부써의 견해를 바르게 이해하기 위하여 먼저 해야 할 일은 그의 신학을 종합적으로 이해하는 것이다. 교회와 교회의 직무에 관한 그의 가르침에 담겨 있는 신학적 측면들은 매우 자세히 다루어졌으므로,[3] 그것과 관련해서는 몇 마디 언급만으로도 충분할 것이다.

목양에 관한 모든 것들은 그리스도, 성령 그리고 신자 사이의 관계에 의하여 결정된다. 그리스도는 성령으로 말미암아 신자 안에 임재하신다. 이 말이 뜻하는 바는 그리스도의 인격이 신자의 생활 속에서 드러나며, 또한 동료 신자의 인격 안에서 내가 그리스도 그 분과 만나게 된다는 것이다. 그러므로 그리스도의 목양이 의미하는 바는 내가 내 형제와 자매를 위한 목자가 되며, 또한 내 동료 신자를 책망하고 위로하는 일에 내가 목자이신 그리스도와 함께 관여한다는 것이다. 신자 안에 임하시는 그리스도는 무엇보다 섬김의 일 속에서 발견된다.

부써에게 목양이란, 하나님 나라 안의 모든 일들과 마찬가지로, 다른 무엇보다 섬김을 의미한다. 그리스도의 종으로서 하는 사역이 그리스도인의 생활 속에서 뚜렷해진다. 이것이 또한 부써의 신학 기반이며, 그의 초기 저서들 안에서 전제로

---

[3] Cf. inter alia G. Hamman, *Entre la Secte et la Cité, Le prjet d'Église de Réformateur Martin Bucer (1491-1551)*, (Genève 1984); W. van 't Spijker, (De ambten bij Martin Bucer (Kampen 1970).

서 개진되었다. 그리고 이후에도 해설이 된 요소이며 그 후로 바뀐 적이 없었던 요소이다. 목회자와 교회는 언제나 "누구라도 자신을 위해서가 아니라 다른 사람을 위해서 살아야 한다"는 것을 명심하여야 한다.[4] 사람이 종으로서 주님의 일을 하면 할수록, 하나님께서는 그만큼 그것을 인정하신다. 이것은 무엇보다도 공적인 목양의 일에 적용된다. 그것이 영원한 의미를 지닌 가장 중요한 일들에 연결되기 때문이다.[5] 함부르크 도시에 보내는 보고서에서 부써는 아주 분명하게 진술한다. "교회 직원들은 회중을 섬기기 위하여 거기에 있는 것이며, 반대로 회중이 직원을 섬기기 위해 있는 것은 아니다."[6]

직무와 관련해 특별히 중요한 것은 그리스도의 왕권이다. 선지자직과 제사장직은 왕으로서의 그리스도의 사역의 일부가 된다. 물론 그렇다고 선지자 직무와 제사장 직무가 흐려진다는 것을 의미하는 것은 아니다. 오히려 그 반대이다. 그 직무들은 부써가 특별히 직무로 구별한 두 가지 중요 직임 곧 장로와 집사의 사역 안에서 모양을 드러낸다. 하지만 질서와 권징의 문제들뿐만 아니라 교회 안에서 서로를 대하는 방식을 결정하는 것은 그리스도의 왕권이다. 부써는 심지어 그리스도의 왕권은 목양을 통해 존재한다고까지 말하였다.

---

4) BDS 1, 29-67.

5) BDS 1, 51.

6) Quoted by W. Bernouilli, *Das Diakonenamt bei Martin Butzer*, (Zürich 1953), 13.

"우리 구주 예수 그리스도의 왕국은 하나님의 선택을 받은 자들의 영원한 구원을 위한 사역과 섬김이다. 이 일을 통하여 하늘의 주님이시며 왕이신 하나님께서는 [택하신] 그의 백성을 모으신다. 하나님이 친히 이 과업을 위하여 뽑으신 능력을 갖춘 종들에게 가르침과 권징의 사역을 행하도록 함으로써 그가 행하신다."[7]

그리스도께서는 교회 안에 참으로 임재하시기 때문에, 그를 대신할 자를 필요로 하지 않으신다. 그리스도는 교회의 직원[곧 목회자, 장로 그리고 집사]들을 쓰시지만, 그들은 결코 그리스도의 역할을 하는 자리에 있지 않다. 그들을 통해 그리스도께서는 자신의 일을 행하신다. 그리고 부써가 종종 말했던 것처럼 그들도 또한 그리스도의 사역을 행하지만, 그를 대신하여 행하는 것은 아니다. 왜냐하면 그리스도께서는 친히 그 일을 계속해서 행하고 계시기 때문이다.

목회사역의 개혁과 관련해서 부써의 관심은 교회의 개혁에 있다. 그의 개혁의 의도는 오로지 교회의 안녕을 지향한다. "기독교 개혁에서 가장 필요한 것은 '교구'에 대한 적절한 돌봄이며, 또한 그리스도의 백성들에게 유익이 되는 방식으로 목양의 사역을 강화하는 일이다."[8] 교회에 관련한 많은

---

[7] *Martini Buceri Opera Latina* (BOL), Vol. XV, (Paris 1955), *De Regno Christi* (DRC), 54. [ ]는 저자의 것임. 이후에도 동일함.

[8] Einf. Bed., 209.

내용을 담고 있는 에베소서가 부써의 저서에서 중요한 역할을 한다. 1527년에 부써는 에베소서 주석을 출판하였다. 그리고 1551년에 영국에서 행한 강연에서 그것을 다루었다. 이 강연들은 그가 세상을 떠난 직후에 출판되었다. 그러므로 에베소서는 부써에게 성경 주석의 시작이면서 또한 마지막이었다. 이 주석은 교회에 관련한 질문을 다루는 부써의 전형을 보여준다. 두 권의 책은 그가 교회의 개념을 발전시켜 온 것을 반영하고 있다. 처음에 부써는 "교회란 무엇인가?"의 질문에 대한 답을 얻기 위하여 자신의 길을 여전히 더듬어 찾고 있었다. 부써는 성경에서 그리고 역사 발전과의 상관관계 안에서 답을 구하였으며 1551년에 답을 얻었다. [교회는] 믿음, 소망 그리고 권징을 나누는 그리스도의 몸이라는 답이다. 목양을 구체화하는 부써의 방식은 교회관과 함께 나란히 발전하였음에도, 목회 사역의 '내용'이 발전한 흔적은 없는 듯하다.

III. 그리스도와 교회

그리스도의 왕권은 교회에 계시되어 있으며, 모든 것들보다 우위에 있다. 교회는 왕국이다. 부써는 조금도 거리끼지 않고 이것을 선포한다. 교회는 하늘의 왕국이며 그리스도께서 그의 왕권을 실행하시는 영역이다. 첫째로 그리스도는 그의 백성들, 선택 받은 신자들의 심령 안에서 그의 왕권을 실행하신다. 부써에게 교회는 선택 받은 백성들의 총회이다. 그렇지만 부써는 재침례파 식의 이상주의, 곧 온전히 순수하며 성결한 단 하나의 회중이라는 생각으로 어긋나가지 않았다. 우리가 보는 교회는 뒤섞인 공동체이며, 이상적 모습을 가진 교회가 아니다. 오직 그리스도만이 완전한 교회의 실재를 볼 수가 있다. 이러한 구별은 사역을 정당하게 하는 도구 역할을 한다고 부써는 믿었다. 우리는 택함을 받은 자들과 유기된 자들로 이루어진 혼합 공동체 안에서 사역을 한다. 우리가 보는 것은 혼합된 공동체이다. 그러나 믿음 안에서 우리는 오직 그리스도에게만 보이는 교회를 돌본다.

교회는 세례보다 성찬이 더 현저해지고 있다. 이러한 구별 가운데 말씀 선포와 권징 실행은 각각 합당한 자리를 차지하여야 한다. 그리스도는 자신의 영을 통하여 왕권을 실행하신다. 그리스도와 성령은 곧 한 몸의 두 손과 같다. 그러므로 교회는 성령의 열매이며, 동시에 성령의 도구이다. 열매인 교회는 심령 안에서 믿음을 일으키시는 성령께서 일하신 결과이며, 신자들의 총회인 교회를 빚어간다. 성령의 도구인 교회는 사람들로 하여금 믿음에 이르도록 말씀을 설교한다. 부써는 교회가 성령의 열매라는 것을 처음부터 이해하고 있었으며,

교회가 도구이며 구원의 기관이라는 것을 여러 해 지나면서 배우게 되었다. 교회를 구원의 기관으로 보는 만큼, 그의 눈에 교회 직원의 중요성은 무게를 더해 갔다.

성부 하나님의 선택을 그의 영이신 성령으로 말미암아 실행하시는 그리스도의 통치는 또한 교회 질서의 토대이다. 부써는 여러 차례 교회의 규례를 만들어주기를 요청받았다. 그는 항상 교회의 규례가 그리스도와 택함을 받은 죄인 사이에 길을 열어주는 결과를 낳도록 꾀하였다. 각 교회의 규례로 인한 결과는 '여기에서 그리스도는 왕이시다'로 나타나야 한다.

그리스도의 왕권은 또한 교회의 권징에서도 드러난다. 바젤의 종교개혁자인 외콜람파디우스는 권징이 성경에서 요구하는 바이며 교회에 의하여 실시되어야 한다는 것을 확신하였다. 그 후에 부써도 어디에서나 교회의 권징을 위해 계속 애를 썼다. 교회의 거룩성은 교회의 본질의 일부이다. 거룩성은 권징에 의하여 증진되고 보호되어야 한다. 게다가 권징은 연약한 양들이 튼튼해지는 방편이며, 길을 잃을 지경에 있는 양들을 지켜내는 방도이다. 권징은 양들을 쫓아내려는 것이 아니라, 오히려 그리스도의 통치 아래 그들이 유익을 얻도록 하기 위한 것이다. 성령의 거룩하게 하는 사역과 그리스도의 왕적 통치는 권징에서 서로 만나게 된다. 따라서 부써에게 교회란 말씀, 성례 그리고 권징으로 구별된다. 성례에서 구원을 눈으로 볼 수 있듯이, 권징에서는 구원의 보류를 눈으로 볼 수 있다. 하지만 성례와 권징으로 믿음을 세워 가며 양떼를 보호한다. 이것은 언약에 속한 회중에게 중요한 사안이다. 설교와 권징 사역을 통해서 교회는 국가 교회와 종파 집단 사이의 중간 위치에 선다.

IV. 교회 직원과 회중

부써는 교회에 관해 말할 때, 그리스도와 회중의 인격적 관계를 항상 지적한다. 그래서 그는 목자와 양떼, 신랑과 신부, 남편과 아내의 관계를 비유로 사용한다. 교회 사역의 실천에 대한 질문을 다룰 때, 부써는 먼저 목자(목사)와 양떼의 비유를 사용한다. 최고의 목자는 교회 안에서 교회를 통해 신자들을 향해 목양을 행하시는 그리스도이다. 그리스도께서 친히 그 일을 행하시되, 교회의 직원들을 통해서 행하신다. 이러한 견해는 교회 직원의 의미와 함께 동시에 한계를 보여준다. 그리스도께서 목자로 계시지만, 그들이 목양을 해야 한다. 그리스도께서 친히 교회 직원들 안에 계시므로, 그리스도는 대신할 어떠한 사람도 필요로 하지 않으신다. 부써는 그것을 확실히 드러낸다.

그리스도의 교회는 단지 하나의 머리, 즉 최고의 목자이며 통치자이신 그리스도를 가진다. 그리스도께서는 그들 가운데 항상 계시므로, 비록 종들을 사용하시지만, 어떤 대체자도 필요하지 않다.[9]

앞서 말한 바와 같이 부써에게 교회란 구원의 기관이다. 그것은 하나님께서 질서 있게 그의 선택을 실행하신다는 것을 의미한다. 즉 교회의 방식으로 구원을 이루어 가신다. 그리스도께서 자기 교회를 섬기심으로 자신을 내어주시고 그의 은사를 주신다. 용서를 바라는 자는 교회 안에 있어야 한다. 구원은 교회 직원들의 손에서 받는 것이다. 그들은 말씀과 성례로 구원의 일을 하며, 권징을 통해 이 구원을 보존한다. 이로써 목회 사역에 영원한 의미가 부여되었다. 이것은 마치 교회 직무가 과도하게 높여진 로마 교회로 돌아가는 듯 보인다. 그러나 부써의 경우, 그리스도와 성령의 사역이 그 한계를 넘어서지 못하도록 막는다. 구원을 목회자의 손 또는 입에서 받는 사람은 그것을 그리스도에게서 받는 것이다. 여기서 말씀과 성례 밖에서 그리고 그것들 없이도 성령께서 구원을 이루실 가능성은 항상 존재한다.

---

9) DRC, 44.

V. 교회 직원의 목회 사역

모든 목양의 목적은 택함 받은 자들을 양 무리에게로 모아서 그 가운데 있도록 하며, 그리스도의 왕권이 생활 속에서 더욱 드러나도록 돌보는 것이다. 『지팡이 양육 규칙』(*Ziegenhainer Zuchtordnung*, 1539)에서 부써는 다음과 같이 말한다.

> 이제 장로들에게는 말씀의 종들 곁에서 그들과 함께 각 교회에서 일반적인 목회적 돌봄과 목양의 직무를 행할 책임과 의무가 주어져 있다. 그들은 최선의 능력으로 양 무리에게 조언과 도움을 주어야 한다. 세례를 받은 모든 자들, 젊은이나 늙은이나 기독교 신앙과 생활 가운데 적시에 충분한 가르침과 권고와 독려를 받도록 해야 한다. 교리이든 생활이든 부족한 것이 있을 때 제때에 알맞은 방식으로 대처하게 해야 한다.[10]

왕이신 그리스도께서는 택함 받은 자들을 친히 모으시고 그들을 자신의 몸으로 취하신다. 하지만 이 일을 위하여 목회자들을 사용하신다. 목회자를 언급할 때 부써는 단지 말씀의 사역자만을 생각하고 있는 것은 아니다. 그는 여러 직무들이 있음을 인정한다. 그 모든 것들은 회중의 크기와 필요에 따라

---

10) BDS 7, 263.

결정된다. 직무의 구분 가운데 주된 것은 장로와 집사의 구분이다. 이 둘 사이에는 여러 가지 차이가 있다. 임무에 따라 특정하게 분업이 이루어진다. 장로들 가운데 어떤 이는 교회를 덕으로 세우는 일에 특별히 부름을 받으며 또한 교회를 돌보는 일을 위해 특별히 부름을 받는다.[11] 부써는 이러한 이를 가리켜 성경과 초대 교회의 예를 따라서 감독(bishop)이라고 부른다. 그는 다른 장로들의 의장(chairman)이다. 하지만 그것이 뜻하는 바는 그가 다른 장로들보다 교회의 덕을 세우고 교회를 섬기는 일에 더욱 부지런하고 기꺼이 해야 한다는 것이다.

부써는 요한복음 10장을 강해하면서 "나는 문이라" 하신 예수님을 말씀과 관련하여 말하기를 그리스도는 양들을 위한 문이시지만 또한 목자들을 위한 문이라고 하였다. 그는 목자를 '가르치는 자들,' 곧 가르치고 설교하도록 부름을 받은 자들로 이해한다. 이러한 목자들은 오직 그리스도를 통해서만 양 무리에게로 나아갈 수 있다. 그들은 그리스도에 의해 보냄을 받되 그리스도의 말씀과 영으로 가르침을 받아서 양 무리에게로 간다. 양 무리가 구원을 받도록 양들을 가르친다.[12] 목자들의 임무는 "가장 훌륭한 신앙으로" 양들을 먹이는 것이니 "곧 더 없는 부지런함으로 양들이 신앙과 그리스도에 대한 복종 가운데 있도록 보존하는 것이다. 더 나아가 그들을 모든 가

---

11) DRC, 118.

12) *Enarratio in Evangelion Iohannis* (Joh. Ev.), BOL II, (Leiden 1987), 342.

능성으로 이끌되 거룩한 목회 사역의 과업 곧 권징의 진실한 실행뿐만 아니라 신실한 가르침과 그리스도의 성례를 방편으로 하여 이끌어가야 한다."[13]

감독들 즉 말씀의 사역자들은 세속적 활동이나 일을 면제 받고 온전히 자신들에게 주어진 책무에 전념해야 한다.[14] 비록 작은 회중일지라도 누군가가 자신의 부르심을 그리스도께서 명하신 것으로 진지하게 고려할 때, 그 일은 단순한 어려움 그 이상이다. 왜냐하면 "사람들에게 그리스도인의 생활을 하도록 하는 것이 그렇게 쉬운 일이 아니기 때문이다."[15] 부써는 감독을 개교회의 운영위원회 의장으로 이해한다. 뿐만 아니라 감독은 더 많은 교회들을 감독해야 한다고 생각한다. 이 경우 감독은 어떤 교회에 문제가 있을 때, 목양의 방식으로 교회들을 돌보는 사람이다. 결국 감독은 목사들과 회중들 전체의 목사이다. 부써는 감독의 책무가 교회 안에 그리스도의 왕권을 회복하는 데 유익하며 필요하다고 여긴다.[16]

장로들을 포함하여, 교회 안에 있는 사역자들[종들]은 말씀과 성례와 권징의 사역을 통해서 그리스도의 사역을 한다.

---

13) DRC, 43.

14) Einf. Bed., 210.

15) BDS 4, 382.

16) 부써는 감독의 임무와 지위에 대해 자세히 풀어주고 있다. DRC, 118-130을 볼 것. Cf. also W.F. Dankbaar, "*Het bisschopsambt bij Martin Bucer*", in: *Hervormers en Humanisten* (Amsterdam 1978), 141-152.

말씀 선포는 세 가지 방식으로 나타나는데, 교회에서, 가족이 모인 집에서, 그리고 개인적으로 나타난다.[17] 교회 직원들이 교인 가정에 목회적 심방을 하여 개인적인 대화를 하는 것은 특별히 말씀 선포를 적용하는 것이다. 그러므로 심방사역이란 설교 이외의 다른 것이 아니다. 단지 설교를 특별히 구체화하는 것이다. 어떤 이는 "심방사역이란 사적 설교이다"라고 했는데, 그럴 수도 있을 것이다. 개인적으로든지 공적으로든지 말씀을 선포할 때마다, 선포되는 것은 오직 그리스도이어야 한다. "사도적 가르침을 따르며 설교하기를 원하는 자들은 모두 '그리스도는 모든 것이며, 모든 것들 위에 뛰어나신 분이시라'는 증언 이외에 다른 어떤 것을 전달해서는 안 된다."[18] 부쎄는 개인적 목회 활동을 강조한다.

> 교회의 목사들과 교사들이 자신들의 책무를 충분히 실행하고, 양 무리에서 떠난 이들의 피에 대한 책임에서 벗어나려면, 마땅히 그리스도를 공적으로 가르칠 뿐 아니라 개별적 차원에서도 전해야 한다. 우리 주 예수 그리스도를 믿는 신앙과 경건을 함양하는 모든 것들을 선포할 뿐 아니라 하나님을 향한 회개를 가정과 개인들에게도 말해야 한다.

---

17) "... utens ad id verbi sui et sacramentorum per idoneos ministros dispensatione, eaque et publica et domestica et privata ...", DRC, 55.

18) Joh. Ev., 455.

그들은 이것을 가르치되 구원의 교리를 거부하지 않는 모든 이들에게 지속적으로 해야 한다.[19]

부써는 이러한 점에서 교회의 목회자들에게 그들의 주인이신 교회의 최고 목자를[20] 따라야 한다고 지적한다. 주님께서 친히 사람들을 개인적으로 찾아가셨음을 성경의 많은 구절들이 분명히 증언하기 때문이다. 주님께서는 친구와 가족들의 가정만 찾아가신 게 아니라, 바리새인들과 수치스러운 죄인들 가정에도 찾아가셨다. 이와 같은 일이 주님의 목자들에게서도 일어나길 기대해야 한다. 그리스도께서는 그런 일로 자신의 식사마저 거르셨다. 그리스도께서 다른 이들에게 구원의 교훈을 선포하시기에 얼마나 바쁘셨는지를 보여주는 예이다(요 4:31-38).[21]

이러한 모든 일은 오직 성경에 근거한다. 부써가 목회 사역의 내용을 그리스도의 가르침을 강설하는 것으로 설명하는 점을 볼 때, 이런 사실은 분명하다. 위로와 책망이 사적으로 그리고 공적으로 행하여질 때, 그리스도의 교훈 즉 성경을 풀이함으로 이루어졌다.[22] 여기서 우리는 또한 최고의 목자 그

---

19) "... etiam domatim atque apud unumquemque privatim", DRC, 65.

20) "... hunc magistrum suum et summum Ecclesiarum pastorem in eo imitari ...", DRC, 65.

21) DRC, 65.

22) "... quibus Christi doctrina et plenius explanetur infirmioribus et adseratur firmius contra contradictores. Postrem, privata quoque eruditione, adhortatione, consolatione, correctione", DRC, 62.

리스도를 본으로 삼는다. 그리스도께서는 회당에서 성경을 읽으시고 이어서 그 구절을 강설하셨다(눅 4:16-17). 목회 사역은 목회자가 온전히 자신을 쏟아 넣을 것을 요구한다. "그러므로 교회를 충성스럽게 섬겨야 하는 사람은 자기 자신의 이익을 결코 돌보아서는 안 된다. 오히려 그는 각 사람을 위하여 모든 일을 할 수 있는 사람이 되어야 하며, 모든 것을 참아야 하며, 주님을 위하여 다른 사람을 얻고자 할 수 있는 모든 것을 해야 한다."[23] 그러한 일은 믿음 안에서 형제와 자매들의 구원을 위한 이타적인 열정으로 연결된다.

 말씀의 사역자는 헌신적으로 환자들을 심방하여야 한다. 그들은 하나님에게서 눈에 보이게끔 연단을 받고 있으므로 그들에게 그리스도 예수 안에 있는 하나님의 은혜를 전해야 한다. 하나님께서 그들의 유익을 위하여 질병을 허락하셨음을 가르치어 믿음이 굳건해질 수 있도록 하여야 한다.[24] 또한 이 땅에 있는 목자들이 그런 고통 가운데에 있거나 기꺼이 고통을 감내하고자 할 때, 그들은 최고 목자의 형상을 나타내 보여야 한다. 그리스도는 다른 이들을 돕고 또 사람들이 구원을 얻게 하기 위하여 심리적으로 영적으로, 그리고 신체적으로 고통을 겪으셨다. 이것 또한 그리스도의 목자들에게 요구된다.

---

23) E.C. Whitaker, *Martin Bucer and the Book of Common Prayer* (Great Wakering 1974) (abbreviated as Censura), 169. 본문 분석과 더불어, 휘태커(Whitaker)는 공동기도문에 대한 부써의 생각을 영어로 번역해 주고 있다.

24) BDS 7,273; 295.

부써에 따르면, 이러한 태도가 없는 것은 참된 목양이 종결을 알리는 시작이다.[25] 그는 모세와 바울의 예를 본보기로 제시한다. 모세와 바울은 다른 사람들이 구원을 받을 수만 있다면, 자신들이 버림을 받을 준비가 되어 있었다. 죽음의 선고를 받겠다는 식 접근은 그것이 "자신을 위한 것이 아니라 다른 사람의 생명을 위한 것"임이 뚜렷하므로 결코 죄가 아니다.

목회 사역을 어떻게 하여야 할 것인지에 대한 예로서, 부써는 사마리아 여인을 향한 예수님의 접근을 언급한다. "우리는 다른 사람의 몸에 관하여 염려하기 전에, 그들의 영혼을 사랑하려고 애를 쓰는 방식으로 우리 이웃을 도와야만 한다는 것을 여기서 제대로 배울 수가 있다."[26] 간음하다가 붙들린 여인의 이야기를 강설하면서(요 8장), 부써는 침체에 빠진 자를 위로하기 위하여 어떻게 노력을 해야 하는지를 예수님께서 행하신 바로부터 배울 수 있다고 말한다.[27]

성례 또한 목회 사역의 방편이다. 그러므로 부써는 필요한 경우 가정에서 성례를 받는 것이 적절하다고 판단한다.[28] 특별히 질병 가운데 있는 사람에게는 성례가 사람들을 위로하는

---

25) "Wie Christus nit allein sein seel und leiplich leben für uns seine schäflin, gesetzt hat, sonder is auch ein maledeyung für uns worden", BDS 1, 52.

26) Joh. Ev., 198.

27) Joh. Ev., 311.

28) Einf. Bed., 164; BDS 7, 290.

최선의 길이다.[29] 권징도 또한 목회의 방법으로 의미를 갖는다. 교회의 권징은 목회 사역의 특수한 방법이다. 특별히 심각한 죄에 빠진 사람들은 속죄와 회개를 통해 회심과 죄의 고백으로 이끌려 나가야 한다. 이러한 사람들을 먼저 찾아가 그리스도의 권위로 설득하는 일은 장로들의 임무이다.[30]

부써는 여러 차례에 걸쳐서 권징을 너무 엄격하게 하여 사람들이 구원에서 멀어지는 일이 없도록 할 것을 경계하였다. 다른 한 편으로 너무나 작고 약한 처벌이 없기를 바랐다. 왜냐하면 그렇게 될 경우 권징이 아무런 효과를 주지 못하고, 죄인은 죄를 확신하는 데까지 나아가지 못할 것이기 때문이다. 양극단을 피하기 위하여 목회자들에게 상당한 정도의 사리분별 능력이 요구된다. 따라서 이 일은 오직 성령의 특별한 은사를 받은 교회 직원들이 해야 한다. 오직 그런 "후견인들"만이 죄에 대해 적절히 슬퍼할 수 있게 하고, 죄로 인하여 지나치게 낙심한 자들에게는 하나님의 긍휼의 소망을 제시할 수가 있다. 그들은 죄를 삼갈 수 있는 효과적인 방편을 양쪽에게 다

---

29) "… communionem enim sumere Domini, et de Mensa eius, ad concolandum perturbatas conscientias, non parum valte, si ea, ut Dominus instituit, sumatur", Censura, 127; BDS 4, 250.

30) "Proinde, in munere est fidelium curatorum et seniorum in Ecclesiss, non solum ad veram animi poenitentiam de peccatis adhortari, verum etiam ad agendum eam atque suis fructibus demonstrandam, Christi authoritate ligare …", DRC, 74.

제시할 수가 있다.[31]

　말씀과 권징을 통해서 신자들은 더욱 더 자신의 죄에 대해 순결하게 된다. 그들은 신앙과 경건에서 더 자란다. 목회 사역은 단지 양 무리를 모으거나 그들과 함께 있는 것만을 뜻하지 않는다. 목회 사역은 무엇보다 양을 더 건강하고 튼튼하게 할 것이다. 머리와 몸의 비유로 말한다면, 목회 사역은 몸의 지체가 더욱 머리의 다스림을 따르게 하고 몸 전체에게 잘 종속하게 한다. 목회 사역은 목회자들이 자신을 전부 던질 것을 요구한다. "[중요한 것은] 장로들과 관리자들("후견인들")이 큰 헌신과 인내로 사람들을 교육시켜 구원에서 더욱 구원에 이르게 하는 것이다. 그리고 가족들 안에서 거룩한 생활의 모범을 보일 뿐 아니라 자신들이 몸소 준비를 갖추어 사람들을 구원으로 초대하는 것이다."[32] 장로와 그의 가정의 생활은 구원으로 초대하는 역할을 하므로 그것은 목양의 한 형태가 된다.

　요리문답을 가르치는 일 또한 목회 사역에 속한다. 어린아이들은 요리문답을 통해 세례를 받는 일의 의미를 배우며, 나중에 그들의 신앙을 고백할 줄 알게 된다. 그들이 세례를 받을 때에는 이러한 신앙을 고백할 수가 없었다. 나중에 교리문답을 통해서 비로소 그들은 그것을 할 수 있게끔 된다.[33] 교회

---

31) DRC, 75.

32) DRC, 59-60.

33) DRC, 58.

는 질문과 대답의 방식으로 그리스도의 교훈을 설명하는 요리문답을 만들어야 하며, 그리하여 구원의 교리를 어린아이들과 어른들에게 교육하여야 한다.

부써가 볼 때, 교회의 직무는 변할 수 있다. 직원이 감당해야 할 직무의 수와 종류는 상황에 따라 달라져야 한다는 것이다. 교회에서 일어나는 변화는 교회 직원의 직무 변화로 반영된다. 부써가 생각하는 것은 특성화된 장로들이다. 어떤 이들은 꾸짖는 일을 더 잘 하고, 어떤 이는 위로하는 일에 더 능하다. 이것은 연령에 따른 특성화가 아니라 회중의 필요에 부응하는 영적인 상태와 은사에 근거한 특성화이다. 아무도 목회 사역의 모든 일들을 충분하게 다 할 수는 없다. 시민 정부에서도 임무가 나누어져 있는데, 교회에서 그렇게 하지 못할 까닭이 무엇이냐고 부써는 말한다.[34] 그는 에스겔서 34장을 출발점으로 삼는다.[35] 이 문맥에서 부써는 교회의 가장자리에 있는 사람들에 대한 목양을 명확하게 언급을 한다.

> 목회자와 장로는 모든 열정을 다하되 교회 공동체 전체로부터 혹은 부분으로부터 바깥 자리에 있는 소외된 이들을 살펴야 한다. 그리스도의 이름으로 세례를 받고 그의 거룩한 이름을 지니고 있는 소외자들을 친밀함으로 신실하게

---

34) DRC, 61.
35) DRC, 61.

책망하는 일에서 어떤 것이든지 유보하여서는 안 된다. 교회 직원들은 이들을 그리스도와의 온전한 교통, 교리, 성례, 그리고 교회의 규율로 이끌어야 한다.[36]

그러므로 목회자와 함께 장로는 온 회중과 회원 각각에 대해서 아버지와 같은 눈길로 바라보아야 한다. 그런 다음 교회에 나오지 않거나 그리스도인답지 않게 행동하는 사람들을 볼 때, 장로들은 어떻게 이 사람들을 다시 말씀 아래 서도록 할 것인지 의논하여야 한다. 부써는 장로나 가족, 혹은 존경받고 인정을 받는 친구 중 한 사람을 보내는 것을 가능한 예로 언급한다.[37]

목회 사역의 대상은 택함을 받은 사람들인데 그들은 양 무리에 속한 양들이기 때문이다. 부써가 택함을 받은 자들에 관해 말할 때 그것은 찾기 어려운 소수자의 무리를 뜻하는 것이 아니다. 그가 말하는 것은 모든 믿는 사람 전체를 뜻한다. 목회 사역은 회중에게만 제한되는 것이 아니다. 그것은 또한 회중 밖에서도 작동한다. 자신들이 양 무리에 속하여 있다는 것을 모르고 여전히 교회 밖에서 떠돌고 있는 양들이 실제로 있다. 그들을 찾아 더 가까이 끌어와야 한다. 목회자의 과제는 특별히 복음을 전하는 것이다. 교회 밖의 사람에게 복음을 전

---

36) BDS 7, 265.

37) Ibid.

파하는 사역에 선택의 교리가 작동할 때 이런 방식으로 목회 사역에 적용이 된다고 말할 수 있다.

그리스도의 사역을 하는 교회 직원은 높은 수준이어야 한다. 그러므로 부써는 목회자를 잘 훈련하는 일만이 아니라, 스스로 소명을 받았다고 생각하는 사람들을 철저하게 검증하는 일에 거듭 힘을 기울였다.[38] 소명을 점검을 할 때에 과연 얼마나 주님을 섬기고자 하는 열정을 가지고 있는지를 확인하였다. 그러한 검증은 몇 개의 대답이나 한두 차례의 설교로 결정될 수가 없다고 생각했다. 그러므로 초대 교회가 그랬던 것처럼 작은 직무에서 열정과 헌신을 실제로 보이는 사람에게만 높은 직무를 맡도록 허용하는 규칙을 세우는 것이 더 나은 일이다.[39]

장로들은 여러 가지 것들 가운데 특별히 성경 언어에 대한 훈련은 받을 필요가 없다. 그들의 경우 종의 자세로 섬기는 사역을 잘 행하면 그것으로 충분한 증거가 된다. 장로들은 다른 사람들을 가르칠 수 있어야 한다. 겸손히 가르치더라도 그 일을 신실하게 해야만 한다. 그들은 영적 이해력을 갖추고 있어야 한다. 부지런히 교회를 다스리고 돌봄으로써 아무도 은혜

---

38) "Probari enim necesse est quam acerrime eos, quibus ista saluti aeternae mysteria sunt commitenda", DRC, 70. *Vid.* Bucer's view on the training of pastors in Censura, 148-154.

39) Censura, 168.

에서 떨어져 나가 방황하지 않도록 해야 한다.[40]

부써는 교회 직원의 생활 태도를 강조한다. 그들의 생활은 흠이 없어야 한다. 그렇지 않으면 그 생활로 인하여 그들이 가르침을 통해 세운 것을 무너뜨리게 된다.[41] 부써는 또한 가까이 있는 교회의 목사들이 만날 것을 권한다. 그는 "말씀의 종들이 진실한 사랑과 일치를 유지하고, 서로를 향해 일반적인 권고와 가르침으로 더 나아지기 위하여,"[42] 매주 또는 최소한 두 주에 한 번씩은 서로 만나는 것을 바람직한 것으로 판단한다. 사역이 각 교회에서 잘 진행되는지 살피기 위하여 정기적으로 교회를 방문하는 일이 있어야 한다.[43] 교회의 목사를 안수할 때, 그들이 맡을 직무의 중요성과 그 내용이 확인되어야 한다.

집사의 직무 또한 목양적 활동이다. 부써가 교회의 직무를 개혁할 때 집사 직의 새로운 이해도 포함되었다. 목회적 돌봄(Seelsorge)이 영혼 문제에 국한하지 않음을 밝혔다. 사람은 물질의 필요가 채워진 다음에야 비로소 영혼에 관심을 갖는다는 사실을 인식하고 있었다. 교회 일부 회원들이 다른 회원들에

---

40) DRC, 60.

41) Einf. Bed., 209; Idem, 210, "Sie sollen der Gemeinde Christi nicht nur durch die Lehre, sondern auch durch ihr Leben ein gutes christliches Vorbild sein und sie nicht durch Unzucht verderben oder verletzen."

42) BDS 4, 231.

43) Einf. Bed., 209.

게서 물질의 도움을 받는다는 것은 상당히 어려운 문제이므로 집사들에게는 더욱이 좋은 목회적 안목이 요구된다.

> 집사는 일부 회원들의 가난한 형편뿐 아니라 그들의 연약한 영혼에 대해서 소홀히 하지 않아야 한다. 궁핍의 어려움에 수치감까지 더해져서 힘들어 하지 않도록 지혜롭고 너그러운 태도로 어려운 사람들의 짐을 가볍게 해주어야 한다.[44]

이러한 면을 고려하여 초대 교회는 장로의 뒤를 이어 곧 집사의 자리를 만들었으며, 집사의 지위와 권한을 넓혔다.

VI. 회중의 목양적 역할

회중도 또한 목양의 역할을 한다. 신자들은 단순히 양에 그치지 않는다. 그리스도께서 각 신자에게 임하여 계시기 때문에, 신자는 서로를 향해 목자이기도 하다. 내 형제 안에서 나는 최고의 목자이신 그리스도를 인지한다. 동시에 그리스도

---

44) DRC, 149.

께서 내 안에서 살고 계시기 때문에 나는 내 형제를 위한 목자이기도 하다. 신자는 서로를 보호할 책임이 있고 또 무리에게로 이끌 책임도 있다. 그리스도께서 각 신자 안에 살고 계시기 때문이다. 신자가 복음을 전하는 일보다 더 힘을 기울일 일은 없는데, 이는 교회와 택정에 관한 부써의 견해에서 비롯되었다. 복음을 전하라는 명령은 온 회중의 임무이면서 또한 회원들이 개별적으로 행할 책임으로서 본질적으로 목양에 속한다.

만인이 제사장이라는 사실은 서로를 향한 목양을 장려한다. 루터가 말한 것과는 달리 만인제사장직은 세례에 근거하지 않고 성령의 은사에 뿌리를 둔다. 그리스도의 성령이 우리에게 서로를 향해 그리스도가 될 수 있는 능력을 주시고 그리하도록 명하신다. 여기서 부써를 오해하지 않아야 한다. 성령을 통해서 그리스도께서 우리의 생활 가운데 나타나신다는 것이다. 그러한 의미에서 앞서 말한 주제, 곧 자신을 위해 사는 것이 아니라 다른 이를 위하여 살아야 한다는 것이 정당한 의미를 갖는다. 그러므로 택정이라는 수직적 차원은 서로를 향한 목양으로 실현되어 수평적인 절정에 이른다. 양들이 각각 서로를 향해 목자가 되기를 즐겨하고 동시에 서로를 목자로 받는 곳에서 비로소 그리스도의 회중은 눈에 보이게 된다.

마태복음 18장에 근거하여 부써는 교인 상호간의 목양에 대해서 자세히 설명한다. 각 교인은 동료 교인이 그리스도인

의 생활을 지속적으로 하도록 격려하여야 한다.[45]

우리의 주님이시며 다스리시는 분이신 그리스도께서 과연 각각의 그리스도인 안에서 사시며 일하신다. 그는 모든 사람의 봉사를 통해서 각 사람 안에서 개별적으로 구원을 이루시며, 잃어버린 자를 찾으신다. 그러므로 그리스도에게서 나서 진리 가운데 있는 사람은 누구나 형제를 돌보는 일에 특별한 열정을 보여야 한다. 그들은 주변에 있는 사람들에게 주의를 기울여 자기의 의무를 행하여야 한다. 최선을 다하여 모든 자들을 죄에서 돌이키게 하고 타락한 자들을 회복시켜야 한다.[46]

형제나 자매에게 훈계를 받은 자들은 이 책망을 그리스도 그분에게서 나오는 것임을 믿음으로 받아들여야 한다. 동시에 이 훈계를 멸시하는 것은 곧 그리스도를 멸시하는 것이다. 훈계와 관련한 일이 유효하듯이 사죄와 관련한 일 또한 유효하다. 그리스도의 용서와 우리의 용서는 본질적으로 다른 것이라 할지라도, 그리스도께서는 자신이 행하신 일을 근거로 우리에게 다른 사람의 죄를 용서할 권한을 주셨다.[47] 부써는 회

---

45) DRC, 71.

46) DRC, 71.

47) *Epistola D. Pauli ad Ephesios* (1527), 49.

중이 이런 일을 잘 하지 못하는 것을 매우 잘 알고 있다. 그러므로 이러한 결함들을 보충할 임무가 장로와 집사에게 있는 것이다. 이것은 장로와 집사들이 자기들에게 맡겨진 사람들을 잘 알아야만 함을 의미한다. 그렇지 않다면 잘 돌볼 수 없기 때문이다. 그들은 자기들의 불찰로 인하여 잃어버린 영혼에 대해서는 책임을 져야 한다는 것을 항상 기억하고 있어야 한다.[48]

교회를 통해서 받는 것은 죄의 용서만이 아니다. 그리스도께서는 회중을 통해서 회중을 덕으로 세우시는 일을 하신다. 회중을 덕으로 세우는 일은 그리스도와 교회 직원과 회중의 협동 작업을 통해서 이루어지며, 회원들 간에 몸과 머리의 연합이 발전되어 가는 가운데 존재한다. 그러므로 부써에 따르면 회중을 덕으로 세우는 일은 무엇보다도 믿음으로 하는 것이며 경건으로 자라간다. 회중을 덕으로 세우는 다섯 가지 규칙들은 다음과 같다.

첫째, 주 예수 그리스도를 믿는 모든 사람들, 즉 그가 구세주이심을 진리로 인정하는 모든 사람들은 그리스도의 몸이며 지체이다. 둘째, 그들은 말씀의 사역을 통해서 우리 주 그리스도에게로 이끌려 나왔으며 그리스도 안에서 세워진다. 셋째, 이렇게 덕을 세우는 일은 동일한 신앙과 그

---

48) DRC, 72.

리스도를 아는 지식에서 자라감으로 이루어지며, 참되고 실제적인 사랑의 모습을 통해 눈에 보이게 된다. 다른 교리나 가르침들은 우리를 차갑게 만들 수 있는 만큼 이 점에서 더욱 자라가야만 한다. 넷째, 비록 주님께서는 이러한 목적을 위하여 몇몇 중요한 사람들을 주셨다 할지라도, 각 회원은 자신의 능력에 따라서 덕을 세우는 일을 힘써야 한다. 예를 들어 어떤 사람들은 많은 곳에 복음을 전하는 전령자인 사도들로, 어떤 사람들은 그리스도에 의한 구원을 설교하고 복음을 명료하고 광채가 나게 전하는 탁월한 복음 전도자들로, 어떤 사람들은 자신의 양 무리를 목양하여 회중으로 구별되도록 하는 목사들로, 그리고 어떤 사람들은 기독교 교훈을 지혜롭게 잘 풀어서 가르치는 능력 있는 교사들로 부르셨다. 다섯째, 교인을 덕으로 세우는 일은 전적으로 사랑을 향해 나아간다. 그리하여 교회 밖에 있는 사람들에게 율법의 성취인 사랑을 나타낸다. 누구에게도 해를 끼치지 않고 모든 이를 유익하게 하는 사랑으로 외부에 드러난다.[49]

부써에 따르면 목회 사역이란 오직 말씀을 개인적으로 전하고 공적으로 선포함으로써 그리스도의 몸을 덕으로 세워 가는 것이라는 점이 확실하게 나타난다. 목회 사역의 목적은 하

---

49) BDS 5, 133.

나님과 이웃을 사랑하고 하나님의 나라를 섬기는 것으로서, 가정, 교회 그리고 사회 가운데서 실현된다.

HERMAN J. SELDERHUIS

04

우리는 항상 죽음을 향해 가고 있다

| 죽음과 죽어감에 대한 칼빈의 견해

I. 서론

"나는 내 몸이 점점 후패해 가는 것을 보고 있다. 조금 남은 생기마저 매일 같이 사라지고 있으니, 나는 내게서 그리 멀지 않은 곳까지 다가온 죽음을 마주하여 생각하고 있다."[1]

나의 몸은 쇠약해져서 날마다 나빠져 간다. 죽음을 생각하기 위해 먼 곳을 갈 필요가 전혀 없다고 칼빈은 말하였다. 죽음은 이를 테면 10리그 거리(약 30마일)에 있다. 예전에 리그는 시간을 나타내는 말로 사용되었으므로 이는 열 시간을 말한다. 1리그를 걷는 데는 한 시간이 필요하다. 칼빈은 1554년에 했던 욥기 설교에서 자신은 죽음으로부터 10시간 거리에 있다고 말하였다. 물론 그 때로부터 10시간 뒤에 죽은 것은 아

---

1) Calvin, 72 (Job 19:26-29), 337, b. 49 (CO 34:130). 이 불어 번역은 합신에서 아랍어를 강의하시는 안석열 선교사님의 따님인 안임주 자매께서 해 주신 것임을 밝히며 감사를 표합니다.

니고 10년 후에 죽었다. 그러나 이 말은 죽음이 항상 그와 동행하였다는 것을 분명하게 해준다. 죽음은 계속 그를 따라다녔고, 일찍부터 그와 함께하였으며, 그를 당혹하게 하는 것이기도 했다.

이 글의 의도는 죽음, 그리고 죽음과 관련된 것들에 대한 칼빈의 신학적 견해를 다루려는 것이 아니다. 즉, 물리적 죽음과 영적인 죽음에 대한 칼빈의 견해에 집중하고자 하지 않는다. 자신의 체계 안에 잘 맞지 않는 사실과 씨름하는 이, 그리스도인이요 동시에 인문주의자로서 갈등하는 상황 속에서 그 문제와 씨름하는 이의 말을 여러분들과 함께 들어 보려고 한다. 필자는 칼빈이 죽음의 실재와 죽어감의 사실을 다루는 방식에 초점을 맞출 것이다. 아직 그런 책이 쓰이진 않았지만 칼빈의 죽음의 신학을 쓰려면 한 권의 책이 필요할 것이다. 따라서 이 짧은 글에서는 주제를 이렇게 제한하지 않을 수 없다.[2] 근래 최초기 근대의 죽음과 죽어감에 대한 연구가 이루어졌으

---

2) 그러나 칼빈의 죽음관을 다루는 장을 가진 책들과 논문들은 상당히 있다. Cf. Raimund Lülsdorff, *Die Zukunft Jesu Christi. Calvins Eschatologie und ihre katholische Sicht* (Paderborn 1996), 70-83; Donald McKim, "Death, Funeral and Prayers for the Dead in Calvin's Theology," *Calvin Studies VI* (1992); Margaret R. Miles, "Theology, Anthropology, and the Human Body in Calvin's *Institutes of the Christian Religion*," *The Harvard Theological Review* 74/3 (Jul 1981): 303-23.

나[3] 부드럽게 말한다고 해도, 그 연구들 속에서 칼빈은 거의 나오지 않는다. 그러므로 그의 서거 450주기는 이 문제를 심도 있게 살펴볼 만한 좋은 기회이다.

첫 부분에서는 칼빈 개인의 삶에서 죽음이 어떻게 하나의 실체가 되었는지를 간단히 묘사해 볼 것이다. 둘째 부분에서 죽음을 어떻게 기독교적인 방식으로 대해야 하는지 칼빈의 주석들과 설교들에 근거하여 요약해 보려 한다. 그리고 셋째 부분에서 죽음이 실제 삶에서 다가올 때 과연 죽음관이 기능을 하는지, 한다면 어떻게 기능하는지를 보여 주고자 한다. 사랑하는 사람들의 죽음을 겪은 칼빈의 경험과 사랑하는 이들을 잃은 사람들을 위로한 그의 사례를 통하여 구체적으로 드러낼 것이다.

---

3) Bruce Gordon and Peter Marshall, *The Place of the Dead. Death and Remembrance in Late Medieval and Early Modern Europe*(Cambridge 2000); Craig Kolkofsky, *The Reformation of the Dead: Death and Ritual in Early Modern Germany, 1450-1700* (London and New York 2000); Austra Reinis, *Reforming the Art of Dying*. The Ars Moriendi *in the German Reformation* (St Andrews Studies in Reformation History) (Aldershot 2007); and Tarald Rasmussen, "Hell Disarmed? The Function of Hell in Reformation Spirituality," *Numen* 56 (2009): 366-84.

II. 칼빈이 삶에서 겪은 죽음에 대한 경험

초기 근대에 살던 여느 사람들과 같이 칼빈에게도 죽음은 일상적으로 어디에서나 경험하는 실체였다. 그가 겪은 일들을 묘사한 표현을 보면 그것이 얼마나 실존적이었는지 잘 알 수가 있다. 칼빈은 인생을 하나님께서 우리를 트랙에 놓으시고 작은 장애물 코스를 뛰어넘게 하시는 것으로 보고 "하나님께서 잘 조직해 놓으신 짧은 경주"라고 말한다. 하나님께서 우리를 곧 데려가실 것이므로 짧은 경주이다(CO 31.834). 인생은 짧고 별 의미가 없다. 어디를 돌아보던지 죽음과 절망이 드러난다. 우리의 내면도 망가져서 그저 죽음을 비출 뿐이다. 삶에서 벌어지는 일들이 모두 최종적 파멸을 위한 서주(praeludium interitus)일 뿐이라는 것은 진실 아닌가?(CO 32.73) "우리 인간들은 마른 풀과 같고, 순식간에 시들고, 죽음에서 결코 멀지 않다. 사실 우리는 지금 이미 무덤 속에 살고 있는 것과 다를 바 없다"(CO 32.66). 우리의 생명은 "마치 비단 줄에 걸려 있는 것 같고" "우리는 수천의 죽음으로 에워싸여 있다"(CO 31. 302). 죽음은 출생에서부터 시작한다. "태에서 나오는 것은 수천의 죽음 가운데로 입장하는 일이다"(CO 31.656). 삶은 신속히 날아가기에 태어나자마자 다시 죽는 것과 같다(CO 32.73). "왜냐하면 이 세상에서 수많은 악을 경험한 후에 우리는 모두 아주 신속히 무덤으로 향해야만 하기 때문이다. 그리고 죽음에서 경험하는 것은 우리 존재의 온전한 멸절 말고 무엇이 있는가? 시신은 또 얼마나 빨리 부패하던가!"[4] 우리는 매순간 어디서나 수많은 죽음을 직면한다. 칼빈은 삶이란 깨어지기가 매우 쉽고 죽음은 매순간 도처에서 도사리고 있다는 것을 잘 의식하고 있다. 자주 인용되지만 칼빈의 진술은 언제 들어도 인상적이다.

> 고개 들어 위를 쳐다보면 얼마나 많은 위험이 우리를 위협하고 있는가? 아래로 땅을 내려다봐도 역시 또 거기에 얼마나 많은 독이 도사리고 있는가? 얼마나 많은 야수들이 산산이 찢으려 하는가? 뱀들은 또 얼마나 많은가? 칼과 함정과 걸림돌들과 맹수들과 건물 안의 감옥들과 돌들과 날아오는 창들은 또 얼마나 많은가? 말하자면 우리는 한 걸음을 뗄 때마다 열 죽음을 만날 뿐이다(CO 40.135-36).

칼빈은 위험으로 가득 찬 세계에서 산다. "도시에서는 많은 사고들이 기다리고 있다. 그러나 또한 길을 모르고 숲 속으로 들어가면 곧 사자들과 늑대들의 먹이가 될 위험을 마주할 뿐이다"(CO, 32.136). "배를 탄다 해도 죽음에서 겨우 한 걸음 떨어져 있을 뿐이다. 말 위로 오르다가 발이 미끄러져 죽을 수

---

4) John Calvin, *Sermons on the Book of Micah*, translated and edited by Benjamin Wirt Farley (Phillipsburg, 2003), 248.

도 있다. 시가지를 걷더라도 가옥들 지붕 위의 기와들만큼 많은 위험 요소가 널려 있다. 당신이나 친구가 무기를 지니면 사고로 다칠 위험이 크다"(Institutes, 1. 17. 1).

그 시대의 모든 사람들, 그 시대의 모든 어린 소년소녀들과 같이 칼빈은 사람들이 거리에서 죽는 죽음을 보았고, 많은 아기들의 사산(死産) 사실을 알았다. 그 많은 시신들이 시내 한가운데로 실려 가는 것을 보고 또 유럽의 전쟁터에 널브러진 많은 시체들을 목도하였다. 칼빈 자신에게 더 의미심장했던 사건은 1515년에 발생한 어머니 쟌느의 죽음이었다. 그는 여섯 살 때 어머니를 잃었다. 엄마의 죽음이 여섯 살짜리 아이의 정서에 지대한 영향을 미치는 사실은 16세기에 살든지 21세기에 살든지 다를 바 없다. 또한 후에 칼빈은 아내 이델레트와 함께 얻은 독자의 죽음을 경험하게 된다. 1542년 7월 28일에 이델레트는 아들을 낳았고, 그 아이에게는 칼빈의 삼촌 쟈크의 이름을 따라 세례가 베풀어진다. 이 아기는 출생부터 위험을 동반하였다고 칼빈은 쓰고 있다(CO 12.420). 조산(早産)으로 태어난 아기였던 것이다. 쟈크는 그로부터 두 주 조금 더 살고서 죽었다. 조산으로 나와서 서둘러 갔다. "하나님께서 나에게 아들을 주신 뒤 곧 그를 데려 가셨다"(CO 9.576). 또한 결혼 생활 9년 만에 이델레트도 세상을 떠났다. 칼빈은 이델레트의 마지막 순간들을 파렐에게 써 보냈다. 밤새도록 여러 번

아내에게 왔다 갔다 하면서 하나님의 은혜로 격려하다가 마침내 기도하기를 그쳤다고 하였다. "여덟 시가 되기 직전 아내는 조용히 마지막 숨을 쉬었죠. 그래서 거기 있던 사람들도 그녀가 삶에서 죽음으로 자리를 옮기는 것을 알아채지 못할 정도였어요"(CO 13.229). 칼빈은 자신이 슬픔으로 온전히 압도되지 않도록 최선을 다했다고 파렐에게 고백하였다. 잠시도 쉬지 않고 일을 하는 것이 그가 상실과 맞서는 방식이었다. 아내와 아들을 잃은 것 외에도 칼빈은 그가 사랑하였던 많은 사람들의 죽음에 대해서도 편지에서 언급하였다.

칼빈이 '우리는 삶의 한복판에서 죽음에 에워싸인다'고 한 말은 잘 알려진 중세의 노래에 잇대어 쓴 표현이다. 그는 자신이 말하는 내용의 정확한 의미를 잘 알았지만, 그 노래를 통하여 또한 우리가 죽음 가운데서 생명에 둘러싸일 것이라는 그의 확신을 드러내길 원했다.[5] 이런 그의 확신은 저술 작업에도 반영되는데, 죽음에 대하여 같은 방식으로 제시된다. 이제 그 주제로 논의를 계속하겠다.

---

5) 리용 감옥에 있던 수감자에게 칼빈이 1533년 8월 22일자로 보낸 편지를 보라(CO 14, 561-62). 칼빈은 미가서 5:8을 본문으로 한 설교에서도 같은 말을 한다: Jean Calvin, *Sermons sur le Livre de Michée*, publiés par Jean Daniel Benoît (Neukirchen-Vluyn, 1964), 168, 29-31.

III. 칼빈 사상에서의 죽음 이해

　죽음은 『기독교 강요』에서 큰 주제로 다루어지지 않고, 두드러지게 언급하는 일도 드물다. 죽음을 따로 다루는 곳은 미래의 삶에 대한 묵상(the meditatio future vitae) 부분이 유일하다. 영생의 맥락에 직접 연결하여 제시하고 있다. 성경 특히 사도 바울이 말한 이생의 비참함과 사후 삶의 영광을 언급한 후에 "죽는 날과 종국적 부활의 날을 즐거이 기다리지 않는 사람은 그리스도의 학교에서 향상할 수 없다"는 결론에 이를 뿐이다.[6] 이는 지상의 삶을 무시하거나 경멸하는 것이 아니다. 영원한 생명의 영광에 비추어 볼 때 부요와 건강 같은 이 세상의 좋은 것들은 임시적이요 깨지기 쉽기에, 영원한 삶에서 하나님과 함께할 것을 기다리는 것과는 비할 수 없다는 뜻이다. 기쁨으로 죽음을 기다린다는 것은 실상 충만한 삶으로 즐거이 기다리는 상태이다. 따라서 칼빈은 그리스도인이라고 자랑하면서도 죽음을 소망하기는커녕 말만 들어도 큰 두려움에 사로잡혀서 떨고, 죽음을 무시무시한 재앙으로 여기는 많은 이들을 도무지 이해할 수 없었다.[7] 그렇게 두려워할 이유가 없는데도 그리스도인들에게 그런 두려움이 있음을 잘 아는 터라 그리스도인이 왜 죽음을 두려워하는지 이해할 수 없다고 말한다.

---

6) Calvin, *Institutes*, 3. 9. 5. 배틀즈의 번역을 사용했음.

7) Calvin, *Institutes*, 3. 9. 5.

그의 생의 말년인 1562년, 칼빈은 삼십 년 전에 일어났던 박해의 두려움에 대해서 말하였다. 사무엘하 설교에서 그가 피난하기 전 프랑스에 있던 때를 회고하면서 자신이 얼마나 박해를 두려워했었는지를 언급했다. "나는 얼마나 두려웠는지 이 두려움을 없애기 위해서 죽기를 바랐을 정도이다(칼빈의 사무엘하 설교, 122). 죽음에 대한 두려움보다 더 심한 것은 죽은 다음에 올 일에 대한 두려움이다. 이런 의미의 두려움은 죄인으로서 하나님 앞에 서게 되는 것에 대한 두려움으로 표현된다. 이 두려움은 우리가 하나님을 더 잘 알아 갈수록, 그리고 하나님을 위해 살기를 더 갈망할수록 증가한다(CO 31.77). 이것은 "죄인이 마침내 심판자 앞에 서게 되고 심판자의 엄중한 진노가 영원한 죽음을 제외한 수많은 죽음을 평가하리라"는 깨달음이다(CO 31.318).

칼빈의 생각 가운데 드러나는 이런 이중적인 면을 살피는 일은 흥미롭다. 그는 하나님을 더 잘 알아갈수록 죽음에 대한 두려움이 증가한다고 말하면서, 동시에 그리스도의 학교에서 자라가는 것은 즐거이 죽음을 기다리는- 실제로 하나님을 더 잘 알아가는 것과 다르지 않은- 것이라고 말하고 있기 때문이다. 이 이중성은 우리가 칼빈의 신학만이 아니라 루터에게서도 발견된다. "의인인 동시에 죄인"(*simul iustus et peccator*)이라는 신학이 그것이다. 죄인으로서 나는 죽음을 두려워한다. 그러나 의인으로서 나는 죽음을 기쁨으로 기다린다. 후자 곧 의인으로서 기쁘게 죽음을 기다리는 것이 결정적이기에 신자들은 죽음에 대한 두려움을 떨쳐야 한다(CO 31.303). 신자가 임종의 자리에서 자기의 죄나 예정에 대한 의심 때문에 주저하는 일에 대하여 『기독교 강요』와 다른 저술에서 일말의 암시조차 없다는 것은 전혀 놀랍지 않다. 죽음 앞에서 괴로워할 이유를 가진 이는 그리스도를 거절한 사람들뿐이다.

미가서 5장을 다룬 설교에서 칼빈은 삶의 한가운데 존재하는 죽음에 관한 중세의 노래를 다시 불러들여서 신자와 불신자의 구별에 적용한다. 먼저, 불신자들은 하나님과 그리스도인들을 거부하면서 "그들이 할 수 있는 것은 아무 것도 없다"는 것을 알게 된다고 말한다. "왜냐하면 그들은 죽음 가운데서 그들의 삶을 살고 있기 때문이다. 하나님의 은혜에 저항할 정도로 타락한 사람은 삶의 한가운데서 죽음을 겪는 비참한 자라고 이미 지적하였다." 그런데 신자들에게는 정반대로 적용된다. "왜냐하면 그와는 반대로 하나님께서 우리 손을 붙들고 안전하게 지켜 주시는 한 우리는 죽음에서도 생명을 경험하기 때문이다."[8] 임종 자리의 신자에게 예정에 대한 투쟁은 존재할 수 없으므로 자기의 죽음이 곧 삶이라는 것을 신자가

---

8) Calvin, Sermon on Micah 5:8 (French edition, 1681), English translation, *Sermons on the Book of Micah*, 296.

알기 때문이다.

　죽음의 중요성을 신학적으로 다루는 구절에서 칼빈은 경험적 차원까지 설명한다. 『영혼 수면설에 대한 논박』(*Psychopannychia*)에서 죽음은 죄에 대한 형벌이며, 따라서 죽음은 완전한 절망을 가져온다고 진술한다. 죽음은 진노로 형벌하시는 하나님께서 죄인인 우리에게 내리신 것이다. 하나님이 우리 아버지이시고 그리스도께서 '인도자와 동반자'이심을 믿는 신자에게만 심판대 앞에서 마주하는 절망이 진정된다.[9] 물론 이 확신은 죽음이 참으로 비참하다는 사실을 제거하지 못한다. 앞서의 인용문에서 칼빈은 지나가는 말로 "죽음은 공포와 고독으로 가득 차 있다"고 전한다.[10] 이런 강력한 표현은 칼빈이 죽음을 사소한 것으로 취급하지 않았음을 보여준다. 그에게 죽음은 우리를 떨게 하는 것이요 반드시 고독한 사건으로 찾아오는 실존적 경험이었다. 창세기 38장 7절 주석에서도 같은 말을 하므로 이것은 그리스도인들에게도 마찬가지임을 분명히 말할 수 있다. 죽음이 더 이상 절망의 대상은 아니지만 그리스도인들에게도 죽음은 여전히 꽤나 두렵다.[11] 사정이 달라진 믿는 자들에게는 죽음이 더 이상 해를 미치지 못하지만

---

9) Calvin, *Psychopannychi*, ed., Zimmerli, 101.

10) Calvin, Commentary on Genesis 38:7, 101: "... *Plenum esse terroris ac desolationis ....*"

11) Calvin, Commentary on Genesis 38:7.

그래도 여전히 매우 부담스러운 대상이다.[12] 이 두려움이 계속되는 사실을 칼빈은 인정한다. 그러나 예수 그리스도를 전혀 알지 못했던 때처럼 죽음을 두려워하는 그리스도인들을 나무란다.[13] 칼빈의 생각에 이 문제에 대해서도 "동시에"(simul)는 유효하다. 따라서 필자는 칼빈이 죽음을 "두려운 동시에 위로를 주는"(simul terror et consolatio) 대상으로 생각했다고 정리한다.

칼빈은 또한 죽음에 대한 운명론적 견해에 대해서 매우 비판적이다. 하나님께서 섭리 가운데서 우리의 죽음의 순간을 이미 정하셨으므로 어쩔 수 없으며 그로부터 벗어나려고 애쓰는 것은 다 부질없는 일이라고 말하는 사람들을 강하게 비판한다.[14] 칼빈이 한 표현들로부터 우리는 그가 어떤 생각을 하는지를 잘 알 수 있다. 운명론자들은 죽음의 순간에 우리가 할 수 있는 것은 아무 것도 없다고 하면서, 만일 우리가 무엇인가를 하려고 한다면 그것이 하나님의 뜻에 저항하는 일이라고 한다. 그런 자들은 미래를 위해 계획하는 것을 의심하며, 노상강도가 없다고 알려진 노선을 따라 여행 계획을 세우는 것도 무의미하다고 한다. 연약한 건강을 위험에 빠뜨리지 않도록

---

12) Calvin, Commentary on I Corinthians, 15.

13) Calvin, Commentary on Philippians 1:23.

14) Calvin, Institutes, 1. 17. 3.

식사 조절을 하면서 부드러운 음식을 먹으려고 하는 것도 의문시한다. 이런 모든 계획들이 다 하나님의 섭리에 반하는 것이라고 주장한다. 어떤 이들은 때로 이런 태도를 칼빈주의의 전형이라고 하지만 칼빈은 강력히 부정한다. 하나님께서 계획하셨지만 우리의 책임은 남는다.[15] 하나님이 우리들 죽음의 순간을 정하신다. 그러나 우리는 자기 생명을 힘써 돌보아야 하고 위험에 떨어지게 해서는 안 된다.

칼빈이 현세 삶의 비참함 특히 몸의 비참한 상태를 언급하면서 우리가 소망하는 완전히 새로운 상태를 대조하는 점은 흥미롭다. 죽음은 몸과 영혼의 결합이 끊어지는 것이며,[16] 죽음으로 영혼이 풀려난다고 말한다. 그러나 여기서 육체를 영혼의 감옥으로 칭하며 몸을 소홀히 생각하는 플라톤주의적 이원론자의 견해를 듣는 것이 아니다. 계속해서 질병과 맞서고 생애 대부분의 기간에 머리와 몸에 고통을 겪은 이가 "확고하며, 온전하고, 부패하지 않으며, 마침내 천상의 영광으로 갱신되는" 몸을 소망하는 소리를 듣고 있다. "우리의 몸이라는 불안정하고, 결함 있으며, 부패하고, 덧없고, 쇠하며, 무너질 육신의 장막"을 벗어 버리기를 갈망하는 소리를 듣는 것이다.[17]

---

15) 이 중요한 문장을 강조하기 위한 원문 대조: "God has a plan, but we have our responsibility."

16) Calvin, Commentary on Phillipians 1:12.

17) Calvin, *Institutes*, 3. 9. 5.

이 세상의 삶은 좋은 것이다. 하지만 만일 당신의 몸이 칼빈처럼 계속 고통을 겪게 되면 당신도 새로운 것을 얻기를 간절히 바랄 것이다. 지상의 삶, 그리고 몸과 영혼의 관계에 대한 칼빈의 견해는 자신의 지속되는 질병과 고통으로부터 영향을 받았다. 이 문제에 대한 그의 견해를 평가하기 위해서는 이렇게 생애 전반적인 면을 반드시 고려해야 한다. 그러면 그가 이 세상의 삶이나 인간의 몸이란 측면을 비하하려는 의도가 없었음이 분명해진다. 오히려 칼빈은 불멸성에 참여할 대상이므로 몸을 존중해야 한다고 명시적으로 말한다.[18] 하나님께서 우리의 몸을 다시 일으키실 것이라는 사실은 하나님이 몸에 얼마나 큰 가치를 돌리고 계신지 잘 말해 준다. 또한 삶 전반에 대해서도 평가 절하하지 않는다. 다가올 생명을 갈망하는 것은 종국적으로 그 때 진정한 삶이 시작될 것이기 때문이다.

신자들이 죽음을 어떻게 대해야 하는지는 사무엘하 12장 주석에서 쉽게 찾아볼 수 있다. 칼빈은 다윗과 밧세바 사이의 아이, 그들이 범한 죄 때문에 죽은 이 아이의 죽음에 대한 다윗의 태도를 상당히 길게 논의하고 있다. 사무엘하 12장 23절에 의하면, 그 아이가 병들어 있을 동안에 금식하면서 몸을 괴롭게 하던 것에 비해서 다윗은 이제 이미 죽은 아이의 죽음 때문에 자신을 더 괴롭히는 것이 무슨 유익이 있는지 반문한다.

---

18) Calvin, Commentary on 1 Corinthians, 6:13=CO 49, 397.

"마치 다윗이 모든 인간적 감정을 상실한 것처럼 보인다"고 칼빈은 말한다.[19] 그러나 바로 덧붙여 말하기를, 이런 말은 다윗이 아이의 죽음에 대해서 애도하지 않았다는 것이 아니고, 그 애통의 성격이 이제 바뀌었다는 뜻이라고 한다. 첫 번의 애통은 마땅히 자신이 받아야 할 고통을 아이가 받는 것을 보면서 죽음에 이르지 않기를 바라는 것에 초점을 맞춘 애통이었다.[20] 그러나 이제 아이가 죽었으니 자신의 죄에 대한 애통이 아니고 모든 사람이 자연스럽게 갖춘 사랑의 감정에서 나온 애통이 다윗 안에 있었다. 주목할 만한 흥미로운 사실은 다윗이 아기의 죽음에 대하여 애곡한다고 성경 본문은 명시하지 않는데도 칼빈은 다윗이 애곡을 하였다고 말하면서 다윗이 그렇게 한 까닭을 설명한다.

이렇게 애곡을 더 자세히 설명하는 것은 아이를 잃은 경험이 있는 칼빈이 다윗이 어떻게 느꼈을지 잘 알았으리라는 사실과 관련된 것이 분명하다. 여기서 다시 한번 칼빈은 다윗과 동일시하면서 아이의 죽음에 대한 다윗의 애통을 설명한다. 성경 본문은 그것을 말하고 있지 않음에도 그렇게 해명하

---

19) Calvin, SC 1, 344.2: "It seems as if David has lost all human affection."

20) Calvin, SC 1, 343, 21: "Il voyt là un poure enfant endurer, or Dieu luy monstre comme en un miroir ce qu´il a desseruy." (하나님은 괴로움을 견디는 불쌍한 아이를 보신다. 하나님은 그에게 그가 마땅히 당해야 하는 것을 [그 아이에게서] 거울처럼 보여주시는 것이다.) 불어 번역은 역시 안임주 자매의 도움으로 된 것이다.

고 있다. 이런 식의 드러냄은 분명히 인간의 감정이 타당하다는 것을 옹호한다. "우리가 깊이 사랑하던 사람을 기리며 애곡하는 것은 매우 자연스러운 것이기 때문이다."[21] 아들의 죽음 앞에서 감정을 드러내지 않는 아비는 괴물일 뿐이라고 칼빈은 말한다.[22] 슬픈 감정을 드러내는 것은 자연스러운 일이므로 그리스도인들에게도 낯설지 않다. 그러나 그리스도인들은 그런 감정에 압도되지 않도록 주의해야 한다고 칼빈은 지적한다. 이런 전형적인 태도를 칼빈의 핵심어로 표시하면 절제(moderation)로 나타낼 수 있다. "신실한 사람들은 자신의 슬픈 감정을 존중해야 하지만 지나치지 않도록 해야 한다."[23] 우리는 구약에서, 또 신약에서 그것을 발견할 수 있다. 칼빈에 따르면 사랑하는 사람의 죽음에 대해 슬퍼하고 애통해하는 것을 바울은 금하지 않았다. 하지만 그 슬픔과 애통은 적당한 한계 안에 머물러야 한다고 했다.[24] 죽음이 하나의 실재라는 것

---

21) Calvin, SC 1, 343, 42. 또한 SC, 344, 26: "Ainsi donc, de mener dueil, c´est une affection humanine, quand quelcun des nostres est trespassé." (그러므로 우리 각자의 것이 다 지나갔을 때 죽음으로 인도된다는 것은 [바로] 인간에게 자연스러운 것이다.) 불어 번역은 역시 안임주 자매의 도움으로 된 것이다.

22) Calvin, SC 1, 344, 16-17: "…que ce doit estre comme un monstre, si un pere ne pensepoint de la mort de son enfant et n´en face que hocher la teste." (만일에 아버지가 자기 아이의 죽음을 생각하면서 고개를 내젓지 않는다면 [즉, 애통을 표현하지 않는다면] 그것은 괴물만도 못한 것이다). 불어 번역은 역시 안임주 자매의 도움으로 된 것이다.

23) Calvin, Commentary on Matthew 5:25.

24) Calvin, Commentary on 1 Thessalonians 4:13.

을 계속해서 상기함으로써 신자들은 이런 태도를 가질 수 있다. 죽음이 우리의 마음에 항상 있게 해서 "우리가 지나치지 않도록 절제에 익숙해져야" 한다.[25] 그런 절제는 다음에 올 생명에 초점을 맞추도록 돕는다. 칼빈은 이것을 신앙의 성장의 한 표지로 여겼다. 이런 절제가 없다면 마치 천국 소망이 없는 것처럼 비탄에 젖어서 애통하게 될 것이기 때문이다.

절제가 죽음 이후의 영원한 생명에 초점을 맞추도록 한다는 이 관점이 칼빈 사상의 근간이다. 이것은 칼빈의 설교나 다른 저술에서 사람들이 회개하도록 하기 위해 죽음의 두려움이나 지옥의 공포를 묘사하지 않는 이유이기도 하다. 칼빈은 또한 임종의 침상에서 자신의 예정 여부의 문제로 씨름하는 사람들에게 확신의 말을 전하지도 않는다. 선택 교리는 그런 투쟁을 일으키지 않는다고 생각하였기 때문이다. 그의 수많은 서신 교환 가운데서도 그런 투쟁을 한 칼빈주의자는 만나볼 수 없다. 그러므로 칼빈의 예정론과 섭리론이 죽음의 침상에서 확신의 여지를 주지 않는다든지,[26] 장례식에서 슬픈 감정을 표현할 여지를 주지 않는다는 주장은 전혀 근거가 없다. 그러나 그 역(逆)은 참이다. 만일 죽음과의 어떤 투쟁이 있다면

---

25) Calvin, Commentary on Genesis 11:4.

26) Susan C. Karant-Nunn, The Reformation of Feeling (Oxford: Oxford University Press, 2010), 202-203.

그것은 칼빈 자신의 투쟁이다. 그는 죽음을 인간의 죄에 대한 하나님의 심판의 결과로 받아들이기 때문이다. 그렇지만 죽음과 죽어가는 자아는 그의 사상 체계에 잘 들어맞지 않는다. 칼빈은 '질서'에 집착한다고 할 정도였기에 죽음 같이 질서에서 벗어난 중요한 것을 받아들이지 못한다. 그는 죽음을 다루되 파악하고 통제하면서 합리적으로 설명해 보려 했지만 해낼 수 없었다. 욥기 설교에서 칼빈은 죽음은 그저 무질서에 불과하다고 서술한다. "죽음은 하나님의 질서를 뒤엎는다."[27] 이것은 인간들이 왜 죽음을 그토록 혐오하는지도 설명한다. 우리의 본성은 자신의 멸절을 원하지 않게 하기 때문이다.[28]

이것이 죽음이라는 사실에 대해서 칼빈이 말한 모든 것을 요약한 내용이다. 칼빈은 죽음을 어떻게 다루어야 하는지 더 알기 원하는 사람들에게 키프리안(Cyprian)의 유명한 책자 '피할 수 없는 죽음'(mortality)을 읽도록 권한다. 그러나 우리는 칼빈이 죽음에 대하여 무엇을 말하고 죽어가는 상황에서 어떻게 했는지 알기 위해 칼빈의 편지들을 살펴보려고 한다.

---

27) Calvin, *Job* 10, 21, 200-201.

28) Calvin, Commentary on Genesis 3:19.

IV. 칼빈의 편지들에 나타난 죽음

칼빈이 죽음을 어떻게 보고 있는지, 또 죽음을 바라보는 그리스도인의 태도는 어떠해야 하는지에 대한 견해는 그가 자신의 슬픔을 다룬 방식뿐 아니라 죽음에 대한 다른 사람들의 슬픔을 다룬 방식에 반영되어 있다. 그것을 살펴보면서 우리는 칼빈 역시 이론과 실천이 항상 균형을 이루고 있지 않음을 볼 것이다. 죽음 앞에서 감정을 전혀 드러내지 않고 눈물 한 방울 흘리지 않으며 사랑하는 이들의 장례를 치르는 사람, 그렇게 아버지 하나님의 손에서 오는 것은 다 그대로 받아들일 준비가 되어 있는 사람이 칼빈주의자라는 인식이 없지 않다. 그러나 그런 태도를 처음 일으키고 확산시킨 이가 적어도 칼빈은 아니라는 사실은 확실하다. 그에게 유일한 위로는 "그리스도인에게는 죽음조차 불행한 상황이 아니다"(CO 6. 631)라는 것인데 과연 그것은 사실이다. 하지만 동시에 칼빈의 편지는 사랑하는 이들의 죽음 앞에서 눈물로 가득 차 있다. 이런 슬픔이 만사를 하나님께서 주관하고 계신다는 믿음과 갈등한다고 생각하지 않았다. 슬픔의 눈물을 흘리는 것과 하나님의 섭리에 대한 믿음은 대립하지 않는다. 왈도파가 핍박받고 고난당하는 소식을 듣고서 칼빈은 파렐에게 편지를 썼다. "저는 눈물로 이 편지를 씁니다. 슬픔에 가득 차 있고 때때로 눈물이 쏟아져서 잠시 멈추기도 하면서 이 편지를 쓰고 있습니다"(CO

12.76). 바렌(Varennes)의 영주인 그의 친구 기욤 드 트리(Guillaume de Trie)가 죽었을 때, 칼빈은 너무 슬퍼서 병이 날 정도였다. "사랑하는 바렌을 빼앗긴 저는 큰 슬픔 가운데서 침대에 누워 이 편지를 대필시킬 정도입니다"(CO 18.649). 이 두 인용문만으로도 사랑하는 사람들의 죽음이 칼빈을 얼마나 아프게 했는지를 보여주기에 충분할 것이다.

프랑크푸르트에 있는 프랑스 피난민 교회를 섬기던 동료 목사가 그의 아내를 잃었을 때 보낸 위로 편지에서 칼빈은 이렇게 말한다. "아내를 잃은 상처의 고통이 얼마나 극심한가요? 저 자신의 경험에서 이 말씀을 드립니다. 7년 전 일을 통해 그런 슬픔을 다루는 것이 얼마나 어려운지 지금도 생생하게 기억합니다"(CO 15. 867). 이델레트가 죽은 지 7년이 지났지만 그녀의 죽음에 대한 슬픔을 지금까지 느끼고 있다. 그저 편지 가운데서 과거를 언급할 뿐인데도 슬픔에 직면하고 있다.

그의 동료 꾸로(Courault) 목사가 죽었을 때, 칼빈은 자신이 파선하였다고, 슬픔 때문에 하루가 어떻게 지나는지도 모르겠다고 쓰고 있다. 하루 종일 이 문제를 다시 생각하는데, 낮 시간의 고통에 이어 밤의 공포가 몰려온다고 한다. 그가 직접 말한다.

꾸로 목사님의 죽음은 거의 나를 파선시킬 만큼 심각하여 나는 더 이상 고통을 견딜 수가 없습니다. 낮에는 이 일을 생각하는 것 말고는 다른 어떤 일도 할 수 없습니다. 낮 시간의 무시무시한 고통에 잇대어 밤의 고뇌가 따라옵니다. 나에게 아주 친숙한 불면의 많은 시간들이 나를 괴롭게 하고, 밤새도록 눈을 감지도 못하니 모든 기력이 다 빠져 나갑니다. 제 건강에 이보다 더 해로운 일은 없을 것입니다 (CO 10. 273).

그러나 앞서 언급한 것처럼 이런 감정들이 '이 세상에서 이뤄지는 모든 일들이 하나님의 섭리적 돌보심 아래 있다'는 칼빈의 확신을 결코 빼앗아 가지 못한다. 칼빈은 이 모든 정황들 안에서 죽어감, 죽음, 그리고 상실의 고통을 하나님이 인도하시는 삶과 연결 짓는다. 하나님께서는 이 모든 일이 어떤 선을 위하여 의도하신 것이라는 점을 끊임없이 분명히 하는 방식으로 그리하신다는 것이다. 칼빈과 아주 가까웠던 집사 끌로드 페이(Claude Féray)가 전염병에 감염되어 죽자 자신이 완전히 파선하였다고 쓰고 있다. 모든 정황 가운데서 그의 지지 자요 피난처였던 이가 자신에게 얼마나 큰 의미를 지니는지 알게 되었을 때 하나님께서 그 친구를 데려가셨다. 그 일로써 하나님께서 자신의 죄를 엄중하게 지적하셨다고 칼빈은 결론 내리고 있다(CO, 11.213). 자녀가 죽었을 때도 칼빈은 같은 말을 한 적이 있다. 칼빈은 파렐이 이델레트에게 위로의 편지를 보내준 것에 감사를 표하였다. 그녀는 슬픔에 사로잡혀서 도무지 감사의 편지를 쓸 수 없는 상황이라고 설명하면서 칼빈은 이렇게 썼다. "우리 어린 아들의 죽음으로 하나님께서는 우리를 심히 치셨습니다. 그러나 그분은 우리의 아버지이십니다. 아버지는 자녀들에게 무엇이 선한지를 잘 아십니다."(CO 11. 430)

죽음에 대한 슬픔을 하나님이 돌아보시는 섭리와 연결하는 것은 칼빈의 전형적인 모습이다. 이는 칼빈이 리쉬부르(Richebourg) 공(公)의 아들 루이가 역병으로 사망했을 때 그를 위로하기 위해 보낸 편지에서도 잘 예증된다(CO 11.188-94). 위로의 편지에 대한 에라스무스의 지침을 따라 작성한 이 편지는[29] 칼빈이 사는 것을 어떻게 이해했으며, 하나님의 인도하심을 어떻게 이해했는지를 잘 드러내어 준다.

개혁자들에게 공통의 확신이었던 섭리에 대해서 칼빈이 실제로 어떻게 생각했는지, 또 그 확신이 실제로 어떻게 보였는지를 알기 원하는 사람들은 이 편지를 읽어 보면 된다. 칼빈

---

[29] 이 에라스무스적 배경을 보도록 인도해 준 오리베르 밀레(Olivier Millert)에게 감사를 표한다. 밀레는 다음 글에서 이 편지를 많이 다루고 있다. Olivier Millert, "Doctrine réformatrice et pratique humaniste de la consolation chez Calvin," in BULL. SOC. HIST. PROT. FR. (juillet-août-septembre 2011), 323-29.

은 루이의 선생님이었던 그의 친구 끌로드 페이의 죽음에 대한 자신의 슬픔을 말하는 것으로 시작한다. 그리고 이 역병이 스트라스부르에 창궐하고 있으므로 자신의 가족에 대해서도 염려를 표한다.

> 끌로드 선생님과 당신의 아들 루이가 죽었다는 소식을 받았을 때, 나는 너무 놀라고 낙담하여 며칠 동안 그저 울기만 했습니다. 하나님의 임재 가운데 기운을 차리고 필요한 때에 허락하시는 피난처를 통해 위로를 찾으려 하지만, 여전히 본래의 자리를 찾지 못한 것처럼 느낍니다. 사실 반은 죽은 사람처럼 일상적인 일을 거의 하지 못합니다.

여기에 하나님의 전능한 힘에 뿌리를 내려서 견고하고, 감정적으로 전혀 요동하지 않는 대담한 모습은 보이지 않는다. 그 어떤 것도 그저 스쳐 지나가게끔 하는 강한 칼빈의 상은 나타나지 않는다. 오히려 슬픔에 사로잡혀서 어찌할 바를 모르는 칼빈의 모습을 본다. 그는 자신이 경험한 상실과 슬픔을 언급하며 리쉬부르 공을 위로한다. 어려운 정황 속에서도 굳건히 서라고 권면하는 것이 자신에게 결코 쉬운 일이 아닌 것을 보여 준다. 그는 자녀를 잃은 고통을 알았고, 그 상실이 주는 부재의 고통을 알았으며, 그런 때 나타나는 "도대체 왜?"라는 질문의 부담을 잘 알고 있었다. 그러나 그러하기에 칼빈은 리쉬부르 공에게 하나님의 섭리를 바라보라고 정확히 말할 수 있었다.

우리에게 가장 힘 빠지고 기운 떨어지는 일은 공연한 불평과 질문 속에 갇히는 것입니다. '왜 이런 일이 일어났나요? 다른 방식으로는 왜 안 됩니까? 무엇 때문에 이번 일이 그렇게 발생했는지요?' 우리 편에서 잘못을 하거나 해야 할 일을 등한히 했다면 그런 말을 할 이유가 성립합니다. 그러나 이 문제에서 잘못한 것이 없다면, 그런 불평을 할 여지가 전혀 없는 것입니다.

이렇게 해서 칼빈은 고통 속에 있는 아비가 덧없는 질문을 끊임없이 하고 자책하는 일로부터 해방을 시켜주고 있다. 그가 아는 위로할 수 있는 유일한 결론으로 인도하고자 하였다. "당신의 아들을 데려가신 이는 우리 모두를 그의 소유로 만드시고 잠시 동안 우리에게 아들을 돌보도록 맡기셨던 하나님이십니다. 그렇게 맡기신 상황조차 늘 그분의 소유였습니다."
이런 이유로 칼빈은 현재의 삶을 '오는 생명'과 대조한다. "아들 생각에 깊이 빠져들 때면 이 어두운 시절에 우리의 삶이 선한 목적 가운데로 정결하게 들어가는 것이 얼마나 어려운지를 살펴보시기 바랍니다. 어린 날 구원을 받아서 새로운 자리로 옮겨진 사람이 얼마나 행복한가를 분명히 생각하실 수 있을 것입니다." 칼빈이 우리의 삶을 폭풍 속을 항해하는 여정으로 그리고 있는 맥락이다. 기대보다 더 빨리 안전한 항구에 이른 것이 얼마나 복된 것이냐고 말하고 있다. 칼빈은 또한 이 소년의 신앙과 행위를 칭찬한다. 그에게 기대하던 좋은 것들을 기린 것이다. 그러나 칼빈은 리쉬부르 공이 즉각 제기할 수 있는 반론 또한 모르지 않았다. 자신의 아들이 지금 하늘에 있음을 알지만, 그러나 아들을 잃은 부재의 현실은 그대로 남아 있지 않느냐는 반론이 그것이다. 칼빈 자신도 그런 의문과 더불어 어떤 위로도 그것을 해소할 수 없다는 사실을 잘 알고 있었다. 그럴지라도 하나님의 방식이라는 사실이 우리가 죽음을 슬퍼하는 것을 막지는 않는다.

당신은 이 모든 것을 몰아내기가 너무 어렵다고 말할 것입니다. 아들의 죽음이 가져온 고통에서 벗어나려고 아비의 슬픔을 몰아내거나 억누르기가 너무도 어려울 것입니다. 그렇습니다. 당신에게 더 고통을 받지 말라는 것이 아닙니다. 우리가 하나님께서 주신 인간의 감정을 제쳐 버리고 돌과 같은 존재가 되어야 한다는 것은 그리스도의 학교에서 배운 인생관이 아니기 때문입니다.

이 편지는 칼빈이 죽음과 슬픔을 어떻게 다루는지를 매우 상세하게 보여주는 사례이다. 그의 편지들은 더 많은 것을 이야기해 준다. 예를 들어 그의 친구였던 기욤 드 트리의 죽음에 대해서 쓸 때, 앞에서 말한 대로 칼빈은 그야말로 몸져누웠다. 그는 침상에서 쓰길, 마지막에는 트리가 하늘 현관에서 자신을 맞아 주리라는 것이 위로가 되지만 그 위로가 자기의 슬픔을 다 가져가지는 않는다고 하였다. 그것을 한마디로 요약하였다. "그는 지금 복된 상태에 있지만 나는 비참한 가운데 있다."[30] 이 두 편지는 모두 칼빈이 자신의 원칙인 절제의 원리에 부응하기 어려웠음을 보여 준다. 사실 그는 페이의 죽음을 언급하는 편지 말미에서 한 고백처럼 자신이 너무 멀리 갔던 것을 인정한다. "나는 그저 나의 슬픔을 간단히 언급하려고 했습니다. 그러나 지금 주체할 수 없이 많은 말을 하고 있습니다." 칼빈은 자신이 다른 사람들에게 그렇게 하라고 하는 대로 다 지키기가 상당히 어렵다는 것을 인정한다. 지나치지 않음은 덕이다. 그것이 칼빈에게 이상적인 태도이다. 그러나 그는 또한 영은 원하지만 육신이 연약하다는 예수님의 말씀이 진리라는 사실을 사도 바울과 함께 인정할 수밖에 없었다.[31]

---

30) Calvin, Brief 27.8.1561

31) Matthew 26:41.

V. 칼빈의 죽음

생애 마지막 시기에 칼빈은 죽음을 갈망한다거나 적어도 죽음이 곧 올 것이라는 말을 자주 썼다. 사는 것은 그에게 투쟁이 되었고, 그 상황에서 자기 삶에 대해 말하면서 곧 제대하기를 바라는 군인이 의무 병역을 감당하는 것처럼 이야기한다 (CO 15.357).

당신이 조심해서 살펴본다면, 계속 노쇠해지는 것 말고는 아침에 일어난 사람이 걸을 수도 없고 음식을 먹을 수도 없으며 손 하나도 제대로 움직일 수 없음을 알게 될 것입니다. 시간이 별로 없습니다. 우리의 삶은 눈 깜짝할 사이에 흘러가서 사라지는 것을 인정해야 합니다. … 우리는 항상 죽음을 향해 가고 있고, 죽음은 우리 곁에 와 있고, 우리는 결국 죽음에 이르게 됩니다(CO 33. 212).

영원한 삶으로 들어가는 기쁨에서 비롯된 칼빈의 격려와 기대와 표현 같은 모든 것들 옆에는 또 하나가 나란히 놓여 있다. 우리가 점점 늙어가고 삶이 점점 짧아져 간다는 것을 기뻐하는 것은 몹시 어색하다는 사실을 그가 인정하지 않을 수 없었던 점이 바로 그것이다.[32] 칼빈도 피할 길 없이 450여년 전

---

32) Calvin, Commentary on Luke 12:50.

인 1564년 5월 27일 별세했다. 그 다음 날 1564년 5월 28일 주일 오후 2시에 그가 요청한대로(CO 21. 105-106) 평범하게 쓰이는 나무 관에 실려서 일반 묘지(Plein Palais)에 안장되었다. 많은 사람들이 참석한 장례식은 단정한 나무 관처럼 진지하고 수수하게 치러졌다. 모든 것을 지나치게 하지 않는다는 그의 원칙은 장례식에서도 잘 지켜졌다.[33] 장례식은 몸을 무덤에 묻는 것이기에 그의 인격 전체가 묻히지는 않는다. 그는 사람들이 하늘에서 서로 알아볼 것으로 생각하면서 좀 더 멀리 나아간 표현을 쓰기도 했다. 프랑크푸르트에 있던 프랑스 피난민 교회의 목사 리샤르 보빌(Richard Vauvill)의 아내가 죽었을 때에 칼빈은 위로 편지를 보냈다. "당신이 이 세상을 떠나면 다시 즐거이 재결합하고 싶어 하는 여인과 살게 될 것입니다."(CO 15.867). 그러니 칼빈은 죽으면 이델레트와 재결합할 것으로 여겼던 것이다.

또한 그는 하늘에서 신학적 논의와 대화를 할 것으로 기대하였다. 루터가 결코 받아 보지 못한 루터에게 보낸 편지에서 칼빈은 그들이 하늘에서 함께 있으면서 조용히 논의를 계속할 수 있으리라고 썼다. 같은 말을 멜란히톤에게 한 적도 있는데, 그와 함께 하늘에서 잔치를 벌이기 원한다고 하였다. 둘의 성격을 생각할 때 그 잔치는 수수하고 쉽게 먹을 수 있는 음식들

---

[33] Ursula Rohner-Baumberger von Rebstein, *Das Begräbniswesen im Calvinistischen Genf* (Basell: Stehlin, 1975), 19-31.

이 베풀어지고 춤은 없는 잔치가 될 것이다. 잔치야 어떻든 일단 이 세상에서 죽음이 찾아오면 거기에는 눈물과 위로가 있게 된다는 것을 칼빈은 잘 알았다. '그리고 죽음에는 탈출구가 없으며 죽음이 끝은 아니다. 죽음을 향해 갈 때 그것은 실상 참된 삶을 향해 가는 것이다.' 이것이 또한 칼빈이 명확히 안 것들이다.

VI. 요약과 결론

필자가 내리는 결론은 이러하다.

1. 칼빈의 작품에는 예정과 선택의 주제가 임종 침상에서 하는 고뇌와 의심의 원인으로 나타난 일이 없다.

2. 칼빈은 죽음에 직면하여 슬픔의 감정을 가지는 것을 자연스럽고 성경적인 것으로 여겼으며 죽음에 대한 자신의 감정을 공개적으로 드러내었다.

3. 죽음을 슬퍼하는 일에서 지녀야 할 그리스도인의 태도에 대한 칼빈의 교훈과 그의 구체적인 목양 접근 사이에는 일종의 긴장이 있다. 즉 죽음과 죽어 감에 대한 그의 가르침과 자신의 실제 모습 사이에는 긴장이 있다.

4. "칼빈의 생애와 신학에 나타난 죽음"이라는 주제는 그동안 칼빈 연구에서 크게 간과해온 분야이다.

이런 네 가지 결론은 칼빈 자신의 말로 가장 잘 요약될 수 있을 것이다. 이델레트가 죽었을 때, 칼빈은 자신의 가장 친한 친구를 잃었다고 말했다(CO 13.230, 228-29). 그것만으로도 상당한 고백이다. 그런데 그의 아내의 죽음이 무엇을 의미하는지를 다음 같이 표현한다. "하나님께서 근자에 아내를 고향의 그분에게 데리고 가셨기에 나는 반쪽 사람일뿐입니다"(CO 20.394). 죽음 앞에서 천상의 위로가 있으나 지상의 큰 상실이 있는 것도 사실이다. 죽음은 칼빈을 반으로 갈라놓았다. 신앙으로 가득 찬 사람이지만 죽음이 균형을 철저히 앗아갔다.

HERMAN J. SELDERHUIS

05

16세기 개혁주의 '교리'

서론

'개혁주의'와 '교리'의 연결은 종종 아주 자연스럽게 보인다. 개혁주의 교리가 특별히 '교조적'이라는 생각이 무의식적으로 떠오르고, 이 생각은 견고한 틀을 갖춘 경직된 신앙의 진리체계로 향한다. 그래서 스위스 신학자 에밀 브루너는 칼빈이 교리를 생활과 경건의 반대편에 세웠다고 비판했다. 그러나 독일의 신학자 빌헬름 니젤은 이 주장을 단호히 거부했다.[1]

종교개혁 교리 개념을 따로 다루는 일은, 개혁주의 교리와 루터주의 교리의 차이가 어디에 있는가에 대한 질문으로 이

---

1) Wilhelm Niesel, "Wesen und Gestalt der Kirche nach Calvin," in: *Evangelische Theologie* 3 (1936): 308-330. 니젤은 "그런데 더 나쁜 것은, 부르너가 종교개혁정신을 따르는 교리가 무엇인지 전혀 이해하지 못한다는 것이다"라고 말하면서 자기의 판단을 강화하고, 부르너가 교회의 설교에 유효한 약속과 사명을 진지하게 받아들이지 않는다는 결론에 이른다. Niesel, "Wesen und Gestalt," 321.

어진다. 이 질문에 대한 답은 연구가 부족하기 때문에 어렵지만,[2] 소위 개혁주의 교리를 보는 방식에 따라 다르게 결정된다. 정통 루터주의 편에서 본다면, 개혁주의 교리는 본래의 종교개혁 메시지에서 벗어났으므로 이설이다. 몇몇 루터 신학자들은 개혁주의보다 로마와 함께 일하는 것이 더 낫다고 느낀다.[3] 루터주의자들만이 아니라 가톨릭주의들도 16세기 논의에서 개혁주의 교리의 특징으로서 예정론을 지적하며, 동시에 예정론을 개혁주의 교리의 부패 증거로 제시했다.

개혁주의와 루터주의의 차이를 개혁주의자들 자신은 어떻게 생각했는지 살펴보는 일은 흥미롭다. 두 가지가 두드러진다. 우선, 개혁주의자들은 자신을 칼빈주의자라고 부르지 않았으며, 그래서 여러 원천에서 가져오되 루터로부터도 가져오려고 했고, 칼빈이 루터의 생각을 계속 발전시켰다는 점을 보여주었다. 그다음, 개혁주의 교리가 기본적으로 루터주의 교리와 차이가 거의 없다고 봤다. 개혁주의자들과 루터주의자

---

2) 참고: Willem van't Spijker, "Doctrina naar reformatorische opvatting," in *Theologie Reformata* 20 (1977): 263-280; Paul Tschackert, *Die Entstehung der lutherischen und der reformierten Kirchenlehre samt ihren innerprotestantischen Gegensätzen* (Göttingen 1979) (1910년 초판의 재판).

3) 참고: Herman J. Selderhuis, "Das Recht Gottes: Der Beitrag der Heidelberger Theologen zu der Debatte über die Prädestination," in: *Späthumanismus und reformierte Konfession: Theologie, Jurisprudenz und Philosophie in Heidelberg an der Wende zum17. Jahrhundert*, hg. von Christoph Strohm, Joseph S. Freedman und Herman J. Selderhuis (Tübingen: 2006), 227-253.

들의 가장 중요한 단 하나의 논쟁점은 바로 성만찬에서 그리스도의 임재에 대한 질문이었다. 하이델베르크의 개혁신학자 다비드 파레우스(David Pareus)에 따르면, 츠빙글리와 루터가 1529년 마르부르크에서 이 점에 대해 일치하지 못했을 때 논쟁이 시작되었다. 파레우스는 이 점과 관련해서 개혁주의 교리에 대해서 말했는데,[4] 여기서 분명한 점은 성만찬에 대한 (파레우스가 동일시하는) 츠빙글리와 칼빈의 관점에서 '개혁된 [개혁주의]'이란 표현이 나타난다는 것이다. 그래서 개혁주의 관점의 내용으로 말한다면 개혁주의와 루터주의의 교리는 한 가지 점에서만 차이가 있다. 그렇다면 교리를 사용할 때, 어떻게 고백서 사이에 하나의 결정적인 차이만 있을 수 있는지 질문이 제기된다. 이 글은 교리를 그렇게 사용하는 일에 집중할 것이다.

논문 한 편이란 틀은 다루는 주제들을 제한하도록 강요한다. 그래도 네 가지 관점에서 살펴보면, 16세기 개혁주의 교리 개념 사용에 대한 어떤 인상을 얻을 수 있을 것이다. 우선, 개혁주의 전통에서 가장 영향력 있는 대표자 칼빈의 교리 사용으로 들어가면서, 다른 사람의 말도 다룰 것이다. 그 후에 개

---

4) Davide Pareus, *Irenicum sive De Unione et Synodo Evangelicorum concilianda* (Heidelbergae: Johannes Lancelllotus, 1615), 31: "...doctrinam reformatam de S. Coena a Zwinglio et Calvino in Helvetia et Gallia adversus Papatum assertam profitentur."

혁주의 신앙고백서, 교회법, 그리고 요리문답서가 어떤 방식으로 교리 사용에 대해 말하는지 살펴볼 것이다.

I. 총론(*Loci*)과 개요(*Summae*)

필립 멜란히톤의 『신학총론』(Loci)이 개혁주의 전통에 끼쳤던 영향을 고려한다면, 멜란히톤의 교리개념에서 시작해야 할 것 같다. 이것은 문헌에서 멜란히톤과 칼빈이 분리되어 있기 때문인데, 교리개념 문제에서도 그렇다.[5] 『신학총론』의 멜란히톤이 『기독교강요』의 칼빈보다 더 교조적인가?[6] 멜란히톤의 저작을 먼저 본다면, 종종 주장하는 것과는 달리, 멜란히톤에게는 교리의 성향이 지성적이지 않다고 주장하는 새로운 연구 결과를 확인하게 된다. 멜란히톤의 중요성에도 불구하고 이제 우리는 개혁주의 전통에서 권위가 있는 대표자 칼빈에게

---

5) Victor d'Assonville, *Der Begriff 'doctrina' bei Johannes Calvin eine theologische Analyse* (Münster, 2001), 42-44.

6) 비교: Olivier Millet, *Calvin et la dynamique de la parole. Etude de rhétorique réformée*, (Bibliothèque Littéraire de la Renaissance, sér. 3, t.28) (Geneva, 1992), 558-560. Millet는 칼빈의 '교리'가 'genre parénétique'에 속한다면, 멜란히톤의 교리는 'genre épitreptique'에 어울린다고 주장한다. Millet, *Calvin et la dynamique*, 560-561.

집중한다.

'교리'라는 용어는 칼빈의 모든 작품 거의 모든 쪽마다 나타난다. 칼빈이 이 용어를 사용하는 곳은 종교개혁전집(*Corpus Reformatorum*)의 칼빈 작품집(*Calvini Opera*) 9,500쪽보다도 더 많다. 그러나 이 용어가 자주 사용되었다는 사실이, 칼빈이 교조적 성향이라는 결론을 정당화하는 것은 아니다.[7] 칼빈의 '교리'가 영어의 doctrine이나 독일어의 Doktrin의 이해와 같은 의미가 될 수 없다. 칼빈의 교리 개념을 연구하면,[8] 그에게 교리란 '의미 전체'의 집합일 수 있다는 점이 드러난다. 교리의 조직적 체계로서 '교리'는 그것 중 하나일 뿐이다. 나아가 칼빈의 '교리'는 설교, 신앙고백서, 교육, 믿음의 내용과 그 고백을 의미할 수 있었다. 그 외에도 칼빈이 목양적 돌봄을 교리에 연결했다는 점이 인상적이다. 그 실천에서 복음의 내용으로서 교리를 전달하고 교육하는 일은 신자들을 위로하기 위해 봉사하는 일이었다. 이렇게 교리의 정의에는 이해력이

---

[7] 예를 들어 Bouwsma가 이런 실수를 한다. 칼빈이 용어 '복음'과 '교리'를 사용한 방식이 칼빈으로 하여금 믿음을 하나님의 약속에 대한 신뢰보다 명제체계에 대한 지적인 동의로 이해하게 했다고 그는 말한다. William Bouwsma, *John Calvin A Sixteenth-Century Portrait* (New York, 1989), 99.

[8] 이 점에서 D'Assonville의 작업이 기본적인데, 그의 결론은 칼빈의 초기 작품들의 분석에 기초한다. 즉, Olivetan성경의 서문, 프랑수아 1세에게 보낸 편지, 『기독교강요』초판(1535/1536), 디모데서 주석(1548)과 디도서 주석(1550)이다.

아니라 마음에 대한 강조가 있다.[9] 설교를 살피게 되면, 이것 또한 교리의 목적이다. 칼빈에게 교리와 설교는 거의 동의어다.[10] 교리는 선포되어야만 하는데, 왜냐하면 그렇게 될 때만 구원에 유익하며,[11] 그래서 이 '구원 교리'(doctrina salutis)의 선포는 절대적으로 순수해야만 한다.[12] 거룩한 말씀은 영적 교리이며, 이 교리는 천국에 이르는 문과 같다.[13]

미래의 설교자를 위한 교육이 설교보다 앞선다. 이 목적을 위해 칼빈은 『기독교강요』를 썼다. 칼빈은 1536년 초판에서, 사람이 구원교리로서 필수적으로 갖추어야 할 모든 것을 포함

---

9) D'Assonville, *Begriff*, 126-128.

10) Reinhold Hedtke, *Erziehung durch die Kirche bei Calvin. Der Unterweisungs- und Erziehungsauftrag der Kirche und seine anthropologischen und theologischen Grundlagen*, (Heidelberg, 1969), 42.

11) '…la doctrine est là, salutaire, enseignée dans l'Évangile, et c'est parce qu'elle est vraie, parce qu'elle procède de la volonté d'amour du Père. Qu'elle porte en elle les consolations et les assurances seules capables d'apaiser les conscience troubles', J.-D. Benoit, *Calvin, directeur d'âmes: Contribution à l'histoire de la piété Réformée* (Strasbourg, 1947), 15.

12) 'Ecclesiarum ministri fideliter verbi ministerio incumbant, nec salutis doctrinam adulterent, sed puram et sinceram populo Dei tradant', Ioannis Calvini Opera quae supersunt omnia, hg. von Wilhelm Baum, Eduard Cunitz und Eduard Reuss, Brunswick/Berlin 1863-1900 (=CO), 30, 299.

13) 'In hunc finem, sacrum suum verbum nobis reliquit. Est enim spiritualis doctrina, quaedam veluti ianua, qua ingredimur in coeleste eius regnum.' *Johannis Calvini Opera Selecta*, hg. von Peter Barth und Wilhelm Niesel (München, 1926-1936) (=OS), II, 128.

하는 '숨마'(Summa)로서 기독교 강요를 소개했다.[14] 이 초판은 먼저 교육목적(katechetisches Ziel)이 있다. 칼빈은 여기서, 프랑스 신자들의 유익을 위해서, 개혁주의자들이 위험한 재세례파가 아니라는 증거로서 개신교 교리의 핵심을 제공하기를 원했다.[15] 인상적인 점은 칼빈이 초판의 '거룩한 교리'(Sacra Doctrina)란[16] 표현을 1539년 판에서는 '지혜'(Sapientia)란 용어로 바꾼 사실이다.[17] 왜 칼빈이 이 변화를 취했는가는 분명하지 않지만,[18] 칼빈이 점점 교조적으로 되어갔다는 주장을 확실히 물리친다.

교리 개념의 교육적 특성은 학교의 성격을 띤 성경에 대한 칼빈의 태도와 관계가 있다는 사실이 이미 『기독교강요』 초판에서 분명하다.[19] 이 학교에서 하나님을 아는 지식이 사람들

---

14) Christianae Religionis Institutio totam fere pietatis summam et quidquid est in doctrina salutis cognitu necessarium complectens, omnibus pietatis studiosis lectu dignissimum opus ac recens editum, CO 1, 5.

15) '…cui summam evangelicae doctrinae compendio complecti propositum.' OS I, 223.

16) 'Summa fere sacrae doctrinae duabus his partibus constat: cognitione Dei ac nostri.' OS I, 37.

17) 'Tota fere sapientiae nostrae summa, quae vera demum ac solida sapientia censeri debeat, duabus partibus constat, Dei cognitione et nostri.' OS III, 31

18) 토론을 위해서 다음을 보라: Millet, Dynamique, 558.

19) 'Est enim Scriptura schola Spiritus sancti, in qua ut nihil praetermissum est scitu et necessarium et utile, sic nihil docetur nisi quod scire conducat.' Inst. 1559 III,21,3.

에게 '가르쳐진다'. 칼빈은 성경 외에도 학교로서 교회에 대해서 말하는데, 두 경우 모두 지적인 지식의 확장을 위한 기관이 아니라, 그 안에서 사람이 만들어지는 장치다.[20] 이어서 칼빈은 이 학교의 학생을 제자로 칭한다.[21]

칼빈에게 교리는 계속해서 하나님을 아는 지식과 자기 자신을 아는 지식을 항상 지향한다. 그의 정의를 따르면, 기독교 교리 전체는 이 이중 지식으로 되어 있다. 단순히 한 분 하나님이 계시다고 가르치지 않고, 이 한 분 하나님이 모든 신성과 은혜와 생명과 힘과 거룩의 원천이시라고 가르친다.[22] 이 교리는 사람이 어떻게 하나님을 섬겨야만 하는지, 양심의 쉼을 어디서 찾을 수 있는지 가르친다. 교리에 대한 이런 이해는 '가르치다'(docere)에 대한 인문주의적 수사학적 전통으로 돌아간다. 이 전통에서 '가르치다'는 인식하는 지식이 아니라 인간의 형성과 세움을 목표로 한다. 교리는 하나님의 모습을 비추는 거울이어서, 거기서 우리는 하나님의 모습을 인식하고, 이

---

20) 개혁주의 신앙고백서에서도 교회는 교사와 선생으로 설명된다. 참고: Benno Gassmann, *Ecclesia Reformata Die Kirche in den reformierten Bekenntnisschriften* (Freiburg/Basel/Wien, 1968), 266-268.

21) 'Sic autem habendum est, ut nobis fulgeat vera religio, exordium a caelesti doctrina fieri debere, nec quenquam posse vel minimum gustum rectae sanaeque doctrinae percipere, nisi qui Scripturae fuerit discipulus; […]', Inst. 1559 I,6,2.

22) Inst. 1541, I,39.

거울을 들여다보면서 하나님의 형상을 닮아간다. 교리에 이런 의미를 부여함으로써 교리개념은 실제로 '그리스도의 지혜'(sapientia christiana)와 같은 의미를 지니며,²³⁾ 이런 방식으로 교리가 언급됨으로써 칼빈의 교리 개념의 실천적 초점이 강조된다. 칼빈에게 교리와 적용은 서로 떨어질 수 없는 짝이다.

칼빈 외에도, 다른 두 개혁주의 저술가를 주목해야 한다. 하인리히 불링거와 하인리히 알팅(Heinrich Alting, 1583-1644)이다. 불링거는 종종 '개혁교회의 아버지'로 불린다.²⁴⁾ 그가 직접 쓴 『제2 스위스 신앙고백서』, 그리고 50개의 설교로 개혁주의 교리 개관을 보여주는 그의 가서(家書, Hausbuch), 이 두 저술은 모두 신학개요(summae theologiae) 또는 신학총론(loci communes)으로서 유효하다. 종종 불링거는 '복음적인 교리'(doctrina evangelica) 또는 '사도적 교리'(doctrina apostolica)에 대해 말하는데, 그에게 이 용어들은 다시 '그리스도의 교리'(Christi Doctrina) 또 '우리 그리스도인의 믿음의 교리'(Doctrina Fidei nostrae Christiana)와 동의어다.²⁵⁾ 때에 따라 불

---

23) CO LII, 12.

24) Fritz Blanke & Immanuel Leuschner, *Heinrich Bullinger Vater der reformierten Kirche* (Zürich, 1990).

25) Diese Begriffe werden in Bullingers Apokalypspredigten häufig als Synonyme verwendet in Unterscheidung zur 'doctrina papistica'. Sehe: In Apocalypsim Iesu Christi revelatam quidem per angelum Domini, visam vero vel exceptam atque conscriptam a Ionanne apostolo et evangelista,

링거가 교리는 성경에서 취해진다고 말하지만, 그의 출발점은 교리가 성경에 앞서 있다는 것이다. 이 교리는 구약에서나 신약에서나 같으며, '정통적이고 단절되지 않는 영원한 것으로' 간주한다. 불링거에게 교리와 설교는 긴밀한 관계이므로 목사의 임무는 교리로 백성을 가르치는 것이다.[26] 물론 이 교육은 믿음 안에서 성장한다는 맥락 안에서 그리스도와 함께하는 생활로 나타나야 한다. 교리 지식은 이 교육의 목적이 아니라 수단이다. 예를 들어, 성례를 바른 방법으로 받으며, 교회의 일치를 지키며, 가난한 자를 사랑으로 보살피는 법을 배우는 수단이다.

이렇게 교리의 중점을 생활에 맞추는 것은 17세기 초에 나온 개론서, 사후에 출판된 하인리히 알팅의 『신학총론』(Loci communes)이다.[27] 그는 자기 작품에서 신학을 정의하며 시작한다. "신학은 하나님의 영광과 인간의 구원을 위해서 하나님이 계시하신, 하나님에 관한 내용들이다."[28] 성령의 증거에 대해 말할 때, 알팅은 당연히 이 교리를 거론한다. 이 복음의 교리

---

    conciones centum, Basel 1557.

26) In Apocalypsim, 46-47.

27) Henrici Alting S. Theol. Doct. & Profess. Scriptorum Theologicorum Heidelbergensium, Tomus Primus continens Locos Communes cum Didacticos, tum Eklenchticos, Amstelodami 1646.

28) 'Theologia est doctrina rerum divinarum, a Deo ad suam gloriam, et Hominum salutem revelata.' Alting, *Scriptorum*, I,1.

에 대해 증명하는 이가 성령이시기 때문이다.²⁹⁾ 이 교리는 하나님께 근본이 있으며,³⁰⁾ 신구약 성경의 각 권들에서 찾아볼 수 있으므로, 알팅은 '교리의 신적 일치'(doctrinae divinus consensus)에 대해 말할 수 있었다.³¹⁾ 이 교리가 하나님께 속했다는 사실이 교리를 효과 있게 만드는데, 영과 진리로 증명된다는 의미에서 그렇다고 하며 알팅은 고린도전서 2장 4절로 증거를 댄다.³²⁾ '유효한 교리'(Doctrina Effectiva)란 표현은 칼빈의 교리 개념에 연결된다. 교리는 정지한 완전체가 아니라 생명으로 인도하는 가르침이다. 이런 점에서 칼빈과 16세기 후기 개혁주의자들 사이에는 차이가 없다.

관용과 교리(Tolerantia et Doctrina)

교리가 점점 더 일종의 믿어야만 하는 교조가 되어 간다고 생각한다면, 개혁주의자들 편에서 관용이 나왔다는 사실을 주목해야 할 것이다. 이것은 주로 이른바 '하이델베르크의 화평'(Heidelberger Irenik)이란 상황에서 등장했다. 이와 관련하여 가장 많이 알려진 출판물은 다비드 파레우스의 『화평』(Eire-

---

29) 'Etenim Spiritus est, qui testificatur spiritum, id est, Doctrinam Evangelii, esse veritatem.' Alting, *Scriptorum*, 15.

30) 'Doctrinae genus Divinum', Alting, *Scriptorum*, 16.

31) Alting, *Scriptorum*, 16.

32) 'Et denique Divina eiusdem Doctrina efficacia, per demonstrationem spiritus et potentiae,' Alting, *Scriptorum*, 16.

nicum)이다. 파레우스는 마침내 제12장의 제목에서 관용이란 단어를 사용한다.[33] 이것으로 그는 '관용'을 신학적으로 사용하되 나아가 긍정적인 의미로 사용한 초기 인물이 된다.[34] 파레우스는 자유주의나 무분별과는 선을 그으며 관용을 제한하되, 완벽하게 동의하지 않을 때 받아들여야 할 기독교적 태도로서 관용을 바라본다. 이 관점을 가지고 파레우스는 구체적으로 성만찬에서 그리스도의 임재에 관한 논의를 중요하게 다룬다. 그의 생각에 이 문제가 하나가 되는 길을 방해할 사안은 아니다. 왜냐하면 이 쟁점에서 서로를 용납하고, 그다음 하나가 되어서 토론을 계속하는 기독교적 관용이 가능할 수 있기 때문이다.[35] 파레우스는 여기서 교리 전체와 그 일부를 구별한다. 이 경우 루터주의자들과 토론할 때 교리 전체가 아니라 교리 일부 특히 구원에 필수적이지 않은 한 부분을 다루는 것을 의미한다.[36] 이렇게 파레우스는 개혁파 교리 개념에 하나

---

33) 'Quod, dum Synodus et concordia plena, interim pio syncretismo, mutuaque tolerantia coire, et contra papatum simul stare debeant Evangelici, causa prima exponitur,' *Irenicum*, 65.

34) Hans-Joachim Müller, *Irenik als Kommunikationsreform – das Colloquium Charitativum von Thorn 1645* (Göttingen, 2004), 35-45.

35) 'Loquimur de tolerantia Christiana mutua partium caetera consentientium: in hac una primaria contradictione dissidentium: Corpus Christi est in pane et ubique: Corpus Christi non est in pane et ubique.' *Irenicum*, 67 (Sehe Anm. 4).

36) 'Verissime enim iam inde a schismatis huius exortu non fuit controversia Evangelicis, nisi de S. Coena: nec de eius doctrina tota, sed tantum de una eius parte, eaque ad salutem non necessaria, [...]', *Irenicum*, 69.

의 관점을 더한다. 교리는 부분들로 구성된다는 것이다. 거기에는 영생을 위해 본질적이지 않은 부분이 있다. 그렇다면 관용할 수 있는 부분도 있으며, 어떤 부분이 그런지 분명히 해야 한다.[37] 차이점과 관련해서 파레우스는 '그들의' 교리와 '우리의' 교리로 말하지만,[38] 그에게 이런 표현 방식은 믿음의 본질에서 일치한다는 테두리 안에 놓여 있다.[39] 이것은 동의하에 두 교리가 있을 수 있음을 의미한다. 그런데 두 교리의 대변자들이 서로 사랑을 보여줄 때 비로소 일치에 도달할 때까지 서로 싸우지 않고 사이좋게 지낼 수 있다.[40]

II. 신앙고백서

개혁주의 신앙고백서는 내용과 역할에서 다른 교파의 신

---

37) 'Quinam articuli sint fundamentales, seu in quibus fidei capitibus vere consistat fundamentum salutis?' *Irenicum*, 15.

38) 'De discrepantia doctrinae nostrae et ipsorum [...]', *Irenicum*, 332.

39) 'In fundamento fidei consensum Evangelicorum esse.' *Irenicum*, 332.

40) 'Qua si omnes cum charitate abundarent, tot dissidia et controversiae de vera doctrina non essent. His igitur tollendis aut conciliandis quaeritur, petitur synodale remedium.' *Irenicum*, 64.

앙고백서와 구별되는 독특성이 있다.[41] 초기에는 신앙고백서가 바깥을 향한 신앙의 증언 또는 공동체를 세우는 기초를 의미했지만 시간이 흐르면서 점차 교리의 형식으로 생각되었다. 16세기 개혁주의 전통에서는 처음의 두 역할이 우세하다. 예를 들어 베른 회의(1532)의 신조 조항에서 항상 교리에 대해 말하는데, 그것은 교리명제의 진술일 수 있다. 그러나 교리의 교의화에 대해서는 말할 수 없는데, 왜냐하면 그리스도를 아는 지식의 성장을 다루면서 지식이 아니라 매일 자라나야만 하는 교리를 말하기 때문이다.[42] 그리스도를 믿는 믿음 안에서 성장한다는 교리를 생각할 때, 이 교리는 자라나야만 한다. 같은 조항에서 용서의 교리에 대해 말하면서, 이 교리가 모든 설교에서 언급되어야 한다고 말한다.[43] 교리는 설교와 직접 연결되어 있다. 여기서 교리의 선포는 지성적 지식을 강화하지 않고 믿음 안에서의 성장을 강화한다. 그렇기 때문에 베른 회의는 그리스도 자신이 교리라고 분명하게 말했다. 교리를 이렇게 표현함으로써 교리가 얼마나 구원과 기독교적 생활을 뚜렷

---

41) Sehe Lourens Doekes, *Credo-Handboek voor de gereformeerde symboliek*, (Amsterdam 1979); Jan Rohls, *Reformed Confessions Theology from Zürich to Barmen*, (Louisville 1998).

42) 'Diese leer soll by den kilchen und glöubigen lüten täglich zünemen, […]', *Reformierte Bekenntnisschriften* (Herausgegeben im Auftrag der Evangelischen Kirche in Deutschland), Band 1/1, (Neukirchen, 2002), 534.

43) 'Welche leer in allen predigen getriben werden solte.' *Reformierte Bekenntnisschriften* 1/1, 535.

이 지향하는지 진술한다.

교리에 관해서라면, 모든 유익한 교리는 하나님의 영원하고 유일한 말씀 곧 아버지의 선하심과 진실 외에 다른 것이 아니다. 그렇게 하나님은 그리스도를 통해 우리에게 알리셨으니, 곧 교리는 그리스도 예수 자신 외에 다른 것이 아니다. 그는 우리 죄 때문에 십자가에서 죽으시고 우리의 때문에 곧 우리가 의롭다 함을 얻도록 죽은 자들 가운데서 부활하셨다.[44]

교리에 대한 이런 이해는, 이 교리를 거스르는 것은 인간의 구원도 거스른다는 진술과도 부합한다.

이 구원을 다루는 『프랑크푸르트 피난민 교회의 고백서』(1554)는 사도신경에 대해 선지자와 사도들이 성경에 남긴 교리의 개요라고 했다.[45] 여기서도 교리가 성경에 앞선다. 교리의 개요는 각 교리를 판단하는 데 도움이 되기 때문에 먼저 무지한 신자들에게 필요하다.[46] 두 경우에서 교리가 말해지지만, 첫 번째는 복음을 의미하고 두 번째는 판단에 필요한 교리

---

44) *Reformierte Bekenntnisschriften* 1/1, 521.

45) "Cuius doctrine extat in Ecclesia compendium quoddam quod symbolum Apostolicum vocant." *Reformierte Bekenntnisschriften* 1/3, 89.

조항을 의미한다.

개혁주의 신앙고백서는 교회의 설립을 다룬다.『프랑스 신앙고백서』(1559)는 교회의 정부, 그리스도에 의해 세워진 영적 정부, 곧 설교자와 장로와 집사로 구성된 정부에 대해서 말한다. 주목할 바는 언급된 세 직분을 순서대로 헤아리면서, 영적 정부의 첫 번째 목표가 교리의 지속과 순결이라고 언급하고, 그다음 바로 죄인에 대한 경고, 세 번째 목표로서 가난한 자들에 대한 지원을 언급한다는 점이다.[47] 순결 그 자체가 아니라 교리 지속이 직분들의 첫 번째 목표이고, 무엇보다 설교자의 첫 번째 목적이다. 이런 표현방식은 직분자의 임무가 교리를 감시하는 것이 아니라 순수한 교리가 사람들에게 전달되도록 돌보는 것이라는 것을 암시한다. 이것이『벨직 신앙고백서』에서 더 잘 표현되었는데,『벨직 신앙고백서』의 원자료는 확실히『프랑스 신앙고백서』다. 이 신앙고백서 30항은『프랑스 신앙고백서』29항의 문구를 거의 받아들여 직분자들에 대해 말하는데, 직분자들이 '교회 회의'(Senat der Kirche)를 구성

---

46) "[Apostolicum], quo tanquam gnomone untantur rudiores ad diiudicandam deinceps omenem doctrinam." *Reformierte Bekenntnisschriften* 1/3, 89.

47) "Article XXIX, Quant est de la vraye Eglise, nous croyons qu'elle doit ester gouvernee selon la police, que nostre Seigneur Iesus Christ a establie: C'est qu'il y ait des pasteurs, des Surveillans et Diacres, afin que la purete de doctrine ait son secours, […]," Ernst Friedrich Karl Müller, *Die Bekenntnisschriften der reformierten Kirche* (Leipzig, 1903), 229.

한다고 말하며, 이것은 참된 종교를 보존하고 참된 교리를 어디에나 전파하기 위한 하나의 방편이라고 말한다.[48] 종교와 교리가 반대가 아닌데도, 종교의 보존에 관해 교리가 언급되지 않고, 교리에 대해서는 교리가 선포되어야만 한다고 말하는 점이 주목할 만하다. 같은 해 나온 소위 『헝가리 신앙고백서』도[49] 자신을 '기독교 교리의 요약'으로 부르는데, 여기서도 교리는 교회 정치와 관련해서 언급된다.[50] 교회 정부의 주된 목표는 교리와 교회 규칙을 주의 깊게 구분하는 것이다. 교리에 관해서 말할 때 교리의 지식과 교리의 사용 가운데 구원이 있다고 한다. 그리고 이것은 교리가 규칙과 섞여서는 안 되는 이유다.[51] 규칙은 교회를 세우는 데 의미가 있고 교회를 세우기 위해 쓰인다. 그것은 본성상 교회의 질서와 외적 현상과 관계한다. 그러나 교리는 양심을 목표로 삼는다.[52] 교회 정부

---

48) "[…] Senatum quasi Ecclesiae constituent: ut hac ratione vera religio conservari, veraque doctrina passim propagari posit, […]" Müller, *Bekenntnisschriften*, 245.

49) 『헝가리 신앙고백서』 또는 *Confessio Catholica*(Debraczen, Eger/Erlau 1562)는 기본적으로 베자의 *Confessio christianae fidei*의 가벼운 수정이다. *Reformierte Bekenntnisschriften* 1/1, 16.

50) 비교: Ungarisches Bekenntnis, in: Müller, *Bekenntnisschriften*, 376.

51) "Primum omnium danda est opera ut doctrina ipsa in cuius cognitione et usu posita est salus, accurate distinguatur a ritibus […]" Müller, *Bekenntnisschriften*, 432.

52) "Nam doctrina cuius partem merito facimus administrationem Sacramentorum, Conscientiam attingit, […]" Müller, *Bekenntnisschriften*, 432.

의 두 번째 목표는 교리와 함께 행하는 것이다. 교회법을 바르게 다루며 교회법을 따라 실천하려고 애써야 하는 의무는, 인간이 "구원의 교리 안에서 진보해야 한다"라는 목표를 갖기 때문이다.[53] 기독교 교리는 계속 전달될 수 있는 하나의 통일된 전체로 보일 수 있지만,[54] 진리 패키지 같은 것이 아니다.

헝가리 개혁교회의 『에르라우터 신앙고백서』(1562)는 두 조항에서 특별히 기독교 교리의 기원과 권위와 확실성에 대한 질문을 논의한다.[55] 이 교리는 하늘에서 기원하여 우리에게 왔다. 한편으로는 선지자들과 사도들 안에 있는 하나님의 선포를 통해서 간접적으로 왔다. 비밀로 말해진 이 교리는 다른 한편으로 성부로부터 나온 성자를 통해서 직접적으로 왔다.[56] 교리는 여기서 더 상세하게 표현되지 않고, 이 신앙고백서 안에서 표현된 교리라는 점이 전제된다. 이 교리가 참되다는 사실을 확실히 입증하기 위해서 11개의 논증을 인용하는데, 거의 모두 이 교리가 성경과 일치한다는 내용이다. 조금 늦은 신앙고백서인 『브레멘 일치』(1595)는 성경에 다시 나타난 교리들

---

53) "[…] ut dum omnia decenter et ordine fiunt, quivis in doctrina salutis proficiat […]" Müller, *Bekenntnisschriften*, 432.

54) "Qui vero sint ordines eorum, qui doctrinam hanc Ecclesiae tradere, […]" Müller, *Bekenntnisschriften*, 433.

55) Erlauthaler Bekenntnis, in: Müller, *Bekenntnisschriften*, 352f.

56) "Immediate, Filius Dei, qui hoc mysterium ex sinu patris protulit" Müller, *Bekenntnisschriften*, 352.

을 말한다. 여기서도 성경에서 끌어낸 교리가 아니라, 성경에 선행하는 교리다.

요약하면, 교리개념에 관해서 개혁주의 신앙고백서를 짧게 검토하면, 신앙고백서는 성경의 말씀에 담긴 교리의 요약이라는 하나의 같은 그림이 나타난다고 할 수 있다.

III. 요리문답(Kathechese)

칼빈의 교리 개념에 비추어 볼 때, 교리를 잘 가르쳐야 할 필요성을 그가 강조하는 것은 매우 당연하다. 칼빈은 『제네바 요리문답서』(1542) 서문에서 견진성사가 교육의 자리를 차지한 것을 한탄한다.[57] 가르칠 때 요리문답서는 기독신앙을 어린이에게 전달하기 위한 아주 좋은 수단이 될 수 있다.[58] 그는 이미 진술한 대로 요리문답서가 그 자체로 교리가 아니라 교리를 전달하는 하나의 수단이라고 말한다. 그래서 이 요리

---

57) "Adulterinam enim illam confirmationem, quam in eius locum subrogarunt, instar meretricis magno caeremoniarum splendore, multisque pomparum fucis sine modo ornant" CO 24, 7-8.

58) 칼빈의 요리문답에 대해선 다음을 보라: Hedtke, *Erziehung*; Marinus Burcht van 't Veer, *Catechese en catechetische stof bij Calvijn*, (Kampen, 1942).

문답서 127문과 304문에 있는 '복음의 교리'에 대한 진술은, 성경에서 우리에게 알려준 교리에 관해 특히 교리의 독립성을 강조한다. 복음의 교리는 복음 내용의 전달이지 복음 그 자체가 아니다. 이것은 복음의 선포도 교리가 우리에게 오는 하나의 틀임을 의미한다. 칼빈은 복음을 가르치는 일에서 중요한 문제가 교리를 이성으로 이해하는 것이 아니라, 먼저 하나님께 더욱 순종하는 삶을 살려고 준비하는 것임을 분명히 말한다.[59] 교리 교육은 지식의 전달 문제가 아니라 교리 선용의 문제이다.[60] 그래서 교리에 대한 구체적인 지식을 말하면서 전 생애 동안 지속하는 과정에 대해 언급한다. 칼빈은 지성을 지향하는 교리의 속성인 '지식의 가르침'(*eruditio*)보다, 칼빈의 생애와 사상에서 중요한 역할을 한 개념인 '순종의 가르침'(*docilitas*)을 말한다.[61]

요리문답으로 가르치는 교리의 중요성은 제네바에서 세례를 받는 유아의 부모가 하는 서약에서도 분명하다. 그들은 자

---

59) "[...] quia doctrinam ipsam mente comprehendere nihil prodesset, nisi accederet reverentia et seria obediendi voluntas" CO 24, 257 (comm. op Deut. 30:11).

60) Hedtke, *Erziehung*, 87.

61) "Scimus autem duplicem esse doctrinae usum, primo, ut qui penitus rudes sunt, a primis elementis incipiant: deinde, ut qui iam sunt initiati, maiores faciant progressus. Quum ergo Christianis quamdiu vivunt, proficiendum sit, certum est, neminem usque adeo sapere quin doceri opus habeat, ut pars non postrema sapientiae nostrae sit docilitas." CO 55, 104.

기 아기를 "하나님의 백성이 받은 교리 안에서" 가르치겠다고 서약한다.[62] 해설을 보면, 교리 명제에 대한 지식이 아니라 신구약에 대한 설명이라는 것이 분명하다.[63] 교리는 집에서도 교회와 학교에서도, 특히 노인과 불쌍한 어린이가 사는 병원에서도 가르쳐야 했다. 병원에는 어린이를 기독교 교리로 가르치고 학교로 보낼 교사가 있어야 했다.

개혁주의 신앙교육 전통에서 『하이델베르크 요리문답서』 (1563)는 가장 중요한 문서다. 여기서도 교리가 지식 내용에 그치지 않고 효과적인 수단이라는 점이 서문에 분명히 드러난다. 서문은 유익한 교리가 인간의 생득적 악함에 맞서지 않으면 교회와 사회의 무질서가 증가한다고 말한다.[64] 『하이델베르크 요리문답서』는 구조만이 아니라 내용에서도 경직된 교

---

62) "Puis qu'il est question de recevoir cest enfant en la compagnie de l'Eglise Chrestienne: vous promettez quand il viendra en eage de discretion, de l'instruire en la doctrine, laquelle est receue au peuple de Dieu." CO 34, 189.

63) "Vous promettez donques, de mettre peine de l'instruire en toute ceste doctrine, et generallement en tout ce qui est contenu en la sainte Escriture du vieil et nouveau Testament: á ce qu'il le recoyve, comme certaine parolle de Dieu venant du Ciel." CO 34, 190.

64) "Dann Erstlich/ haben sie wol bedacht daß die angeborne boßheyt uberhand nemen würde/ unnd darnach Kirchen und Politische Regiment verderben/ wann man jhr nit bey zeiten mit heilsamerLehr begegnet." Heidelberger Katechismus, in: *Bekenntnisschriften und Kirchenordnungen der nach Gottes Wort reformierten Kirchen*, ed., Wilhelm Niesel (Zürich, 1938), 148.

리가 아니다.[65] 교리의 내용이 배우는 자의 신앙생활과 항상 직접 연결되기 때문이다. 신자 개인을 위해서 그리고 전체 교회를 위해서 교리 내용의 목적을 지향하며 이어지는 질문들은 효과적 변화, 신앙 지식의 획득, 그리고 믿음의 성장을 교리의 목표로 삼는 개혁주의 교리개념의 전통에 정확하게 부합한다.

루터주의의 요리문답서와 비교할 때 요리문답서의 목적에 비추어 보면 개혁주의의 교육서들과 상당한 유사성을 보인다. 그러나 한 곳에서 분명한 차이가 난다. 둘 다 하나님을 아는 지식, 하나님을 기쁘시게 하는 삶, 위로, 그리고 영원한 생명을 다룬다. 그런데 루터주의 요리문답서들이 순수한 교리의 보존을 목표로 삼는다면, 개혁주의 요리문답서들은 공동체의 삶을 위해서 하나님의 율법을 이해하는 데 더 많은 관심을 둔다.[66] 이 차이점은 개혁주의 전통을 특징짓는 칭의와 성화의 결합과 분명히 관련이 있다. 여기서 율법은 (이것은 하이델베르크 요리문답서에서 매우 강조된다) 기본적으로 감사를 위

---

65) Thorsten Latzel의 결론과 비교하라. "Entsprechend dem kommunizierten Evangelium ist dem HK bereits die schriftliche Form sekundär, eine lehrgesetzlich-doktrinäre Auffassung aber vollends unangemesse." Thorsten Latzel, *Theologische Grundzüge des Heidelberger Katechismus. Eine fundamentaltheologische Untersuchung seines Ansatzes zur Glaubenskommunikation* (Marburg, 2004), 190. 다음도 보라: Lyle D. Bierma et al., *An Introduction to the Heidelberg Catechism-Sources, History and Theology* (Grand Rapids, 2005).

66) W. Verboom, *De catechese van de Reformatie en de Nadere Reformatie* (Amsterdam, 1986), 164.

한 지침으로 돌아간다. 루터주의의 요리문답서가 개혁주의보다 순수한 교리의 보존을 더 강조하는 이유는 개혁주의의 교리 개념에서 찾아야 한다. 요리문답은 교리를 계속 전달하는 수단이어서 결국 그 효과로 이어지는 교리가 중요하다. 요리문답 방식으로 작성된 '신학총론'(Loci Communes)으로서 교리가 중요한 것은 아니다. 교리 자체보다 그 교리가 전달되는 사람들이 중요하다. 여기서 교리는 믿는 내용에 대한 지적인 인식보다는 믿음의 지식에 해당한다. 그래서 '교리 지식'(cognitio doctrinae)보다는 '하나님을 기쁘시게 하는 지식'(cognitio divinae benevolentiae)이 중요하다.[67] 순수한 교리의 보존이라는 점도 분명히 있지만, 목적이 아니라 수단이다. 목적은 학습자가 하나님의 사랑을 아는 지식에서 성장하고 그의 믿음을 증명할 수 있게 하는 것이다.[68] 이런 면에서 요리문답서의 목적이 1576년 동프리스란트를 위해 작성된 『교회규범』(Coetusordnung)에서 분명하게 기록되었다.[69] 교회는 말씀과 성례의 교리를 설명하는 형식이 필요했기 때문에 엠덴의 설교자들은 다양한 고

---

67) 칼빈은 믿음 정의는 이렇다. "divinae erga nos benevolentiae firmam certamque cognitionem, quae gratuitae in Christo promissionis veritate fundata per Spiritum Sanctum et revelatur mentibus nostris et cordibus obsignatur." Inst. (1559) III,2,7.

68) "Tiercement, il est fort requis et quasi necessaire, pour conserver le peuple en peurte de doctrine, que les enffans des leur jeune eage soyent tellement instruicts, qui ilz puissent rendre rayson de la foy" CO 38, 6.

69) Emil Sehling, Die evangelischen Kirchenordnungen des XVI. Jahrhunderts, Bd. 7/2,I, (Tübingen, 1963), 434-439.

백서들과 멜란히톤의 1554년 '총론'(*Loci*)을 가지고 소요리문답서를 작성했다. 요리문답서는 교리를 설명하고 계속 전달하기 위한 한 형식이지, 그 자체가 교리는 아니다.

IV. 교회법

교리와 권징을 매우 철저하게 연결한 사람이 바로 칼빈이다.[70] 그의 생각에 따르면, 교리가 교회의 영혼이라면 권징은 몸의 모든 부분을 바르게 작동시키는 신경 기능을 수행한다.[71] 그래서 권징을 통해 교리가 보호받고 보존되도록 살피지 않는다면, 교회는 심각하게 흔들려서 몰락하게 될 것이다. 교리가 없다면 교회는 시체다. 여기서 칼빈은 교리 선포에 주목하는 교회란 관점에서 교리와 권징의 관계에 접근하지만, 신자의 생활방식도 강조한다. 칼빈은 어떻게 살아야 마땅한지를 설교자가 가르칠 수 있을 때뿐 아니라 교회의 지체들을 독려하며 권면하기 위한 수단을 가질 때 교리가 열매를 맺을 것

---

70) 다음을 보라: Johannes Plomp, *De kerkelijke tucht bij Calvijn*, (Kampen, 1969).

71) "Proinde quemadmodum salvifica Christi doctrina anima est Ecclesiae, ita illic disciplina pro nervis est." Inst. IV,12,1.

이라고 주장한다.[72] 1561년 제네바 교회법 서문에서 칼빈은 이 교회법이 교리를 보호하는 목적을 갖는다고 적는다.[73] 교리가 구원을 가져온다는 관점에서, 그리고 복음의 선포가 인간에게 교리를 전달한다는 관점에서, 칼빈은 직분자들이 유의해서 시험을 통과해야 한다고 강조한다.[74] 교회법을 따르면, 교리 조항 전체가 아니라 어떤 이가 성경에 대한 좋은 지식을 가졌는지, 그리고 그 지식을 좋은 방식으로 전달해서 교회를 세워 가는지가 중요하다. 그래서 교리는 성경에 대한 지식이며, 나아가 이 지식은 주님의 교리를 표현하는 능력과 분리할 수 없도록 연결되어 있다. 바른 지식이 어디에 있는지 분명하게 하려고, 『제네바 요리문답서』에서 발견되듯이, 교리는 교회가 받은 교리라는 사실이 계속 진술된다.

교리의 중요성은 설교자와 장로와 집사의 직분에서만 아니라, 교사 직분(Doktorenamt)을 제정하는 데서도 표현된다. 복음의 순결을 지키려고 신자를 건전한 교리로 가르치는 교사의 임무는 특별한 방식으로 수행된다. 교사는 '신학총론'이 아니

---

72) "saepe enim frigebit communis doctrina, nisi privatis monitionibus iuvetur." Inst. IV,12,2; Comm. zu Hand 20:20.

73) Ordonnances ecclé siastiques, hg. von Peter Opitz, in: RBS, Bd. 1/2, Neukirchen- Vluyn 2006, 246: "C'est chose digne de recommendation sur toutes les aultres que la doctrine du sainct Evangile de nostre Seigneur soit bien conservée en sa purité."

74) 비교: RBS, Bd. 1/2, (Neukirchen- Vluyn, 2006), 250.

라, 성경해석에 열심을 내야 한다. 잘 작동하는 교회법 -칼빈은 자기가 가진 법 지식을 사용할 수 있었다-을 위한 칼빈의 노고는 교리에 대한 염려의 테두리 안에 있는데, 실제로는 교리를 위한 규정임을 뜻한다.[75] 교회법은 교리를 섬기지만, 교리 자체는 하나님과 인간 사이에 또 인간 상호 간에 바른 질서가 회복되도록 애씀으로써 질서를 세우는 효과가 있다.[76] 기본적으로 이 연결은 개혁교회법의 근간을 형성하며, 구체적으로는 그 안에서 권징과 규칙에 대한 조항을 정한다. 1563년 팔츠 교회법에서 교리 개념은 설교 내용을 위한 표준만이 아니라 설교 형식을 위한 표준도 된다. 출발점은 이렇다.

> 하나님의 말씀은 이 가르침을 향해야 한다. 곧 사람들이 그들의 죄와 비참함을 알도록 이끌어야 하며, 그다음에는 어떻게 그들이 모든 죄와 비참함에서 구원받는지를 가르쳐야 하며, 세 번째로 그들이 받은 구원에 대해 하나님께 어떻게 감사해야 하는지를 가르쳐야 한다.[77]

---

75) Jan Weerda, "Ordnung zur Lehre – Zur Theologie der Kirchenordnung bei Calvin," in: *Calvin-Studien*, hg. von Jürgen Moltmann, (Neukirchen-Vluyn, 1959), 144-171.

76) Weerda, "Ordnung," 147. 칼빈의 'ordo' 개념에 대해서는 다음을 보라: Herman J. Selderhuis, *Gott in der Mitte*, Calvins Theologie der Psalmen (Leipzig, 2004), 63-69.

77) Emil Sehling, *Die evangelischen Kirchenordnungen des XVI. Jahrhunderts*, Band XIV, Kurpfalz, (Tübingen, 1963), 337.

설교자는 본문을 다룰 때 이 세 가지 점을 염두에 두어야 한다. 역시 여기서도 『스코틀랜드 신앙고백서』처럼, 어떻게 교리가 기록된 본문에 선행하며 본문이 교리를 말씀 안에서 반복하면서 교리의 효과를 알려주는지가 분명해진다. 설교도 하나님의 말씀 자체도 아니고, 교리가 비참과 구원과 감사를 아는 지식을 위해 애쓴다는 것을 설교자는 분명히 고려해야 한다. 요하네스 라스코가 네덜란드 피난민을 위해 런던에서 작성했으며 마틴 미크론(Martin Micron)이 요약한 교회법에서도 역시 설교와 교리의 동일화, 그리고 교리의 기본적인 의미가 출발점이다. 그렇기에 설교자의 가장 중요한 임무는 하나님 말씀의 순수한 교리를 가르치는 일이다.[78] 개혁교회법을 특징짓는 교회권징에 대한 조항은 런던 교회법에서도 본문의 거의 절반이나 되는 큰 자리가 필요했다. 권징은 교회 지체들과 직분자들의 교리만이 아니라 삶에도 미친다. 이 두 측면의 연결은 교리와 삶의 끊어질 수 없는 관계에 근거한다. 교리에서 이탈하는 것은 신자의 영원한 구원과 교회의 안녕을 위협한다는 확신 때문이다.

1587년 요한 카시미르가 교회와 학교에서 무엇을 가르치는지 살피도록 감독관을 임명하게 이끈 동력이 이 교리 개념

---

78) Marten Micron. *De Christlicke ordinancien der Nederlantscher ghemeinten te Londen, 1554.* hg. von W.F. Dankbaar, Kerkhistorische studien 7. ('s-Gravenhage, 1956), 14.

이다. 설교와 관련해서 교리가 오류 없이 전달되는지, 교리에서 벗어나는 말이 없는지를 주의 깊게 살피는 일이 감독관의 임무다.[79]

베젤 회의(Wezeler Konvent)의 조항에서, 권징의 일치와 교회법의 일치 사이에 분명한 연결이 보인다. 권징의 일치는 교회의 일치로 인도할 뿐 아니라, 교회법의 일치와 만난다.[80] 계속 이어진 1571년 엠덴 총회(Synode von Emden)는 네덜란드 개혁교회의 기초가 되었다. 이 회의 결정의 둘째 조항에 따르면, 교회 더 정확히 말해서 교회의 총대들이 제출한 공통적인 교리의 승인이 있었음이 분명하다. 교리에서 연합하고 있음을 표현하기 위해서 이 신앙고백서에 함께 서명하기로 했다.[81]

---

79) "[…] damit von inen die alleinseligmachende lehr und göttliche warheyt (deren fundament, richtschnur und norma sindt die prophetischen und apostolischen schriften) rein, lauter, onverfälscht, fleissig und treulich getrieben und gelert und also alle und die articul unserere waren christlichen religion und glaubens in rebus, phrasibus et verbis rein und onverkert gepredigt und erklärt […] werde" Sehling, *Kirchenordnungen*, 535.

80) "Praecepit Apostolus Paulus ut in ecclesia Dei omnia fiant ordine et decenter: Quo non modo unanimis ecclesiae in doctrina, verum etiam in ipso ordine et politica ministerii gubernatione constet ac habeatur consensus." Frederik Lodewijk Rutgers, *Acta van de Nederlandsche Synoden der zestiende eeuw* "'s-Gravenhage, 1899", 9.

81) "Ad testandum in doctrina inter Ecclesias Belgicas consensum, visum est fratribus confessioni Ecclesiarum Belgicarum subscribere, et ad testandam harum Ecclesiarum cum Ecclesiis Regni Galliae consensum et coniunctionem, confessioni fidei Ecclesiarum illius Regni similiter subscribere, certa fiducia earum Ecclesiarum ministros confessioni fidei Ecclesiarum belgi-

이 결정은 근본적으로, 교리란 용어의 내용(그때까지는 아직 정의 되지 않았다)이 신앙고백서의 내용으로 정의된다는 것을 의미 한다. 여기서 교리가 경험한 구체화가 필연적으로 어떤 축소 를 뜻할 필요는 없다. 이것은 어떤 사람의 교리가 바른지의 여 부가 시험을 통해서 분명히 밝혀져야만 한다는 그다음의 규정 에서도 드러난다.[82] 이 시험 내용을 더 자세히 다루지 않지만, 형식은 어떤 특정한 교리 표준을, 즉 많거나 적거나 작성된 교 리를 전제한다. 시험의 내용을 통과하는 것은 베젤 조항에서 매우 강조하기 때문에 주목할 만하다. 신입 설교자에 대한 심 사에서 교리에 관해서 우선 네 가지 점에서 특별히 주의해야 만 한다고 되어 있다.[83] 어떤 이가 의심스러운 문헌들과 의미 없는 사변에 열심이었는지를 뚜렷이 하기 위해서 출신 교회나 학교의 증거가 필요했다. 나아가 『프랑스 신앙고백서』와 『하 이델베르크 요리문답서』에서 설명하는 대로 그가 모든 면에 서 교리를 고수하고 있는지도 분명히 해야 했다. 세 번째로 그 는 몇 가지 특정 교리 조항에 대해 질문을 받아야만 했으며, 마지막으로 설교자들 앞에서 그리고 때에 따라서 다른 후보자 들 앞에서 몇몇 성경 본문을 해석해야만 했다. 이 네 조건 안 에 권징에 대한 관심이 언급되는데, 제한적이지 않으나 그 내

---

carum ad mutuum testandum subscripturos" Rutgers, *Acta*, 56.

82) "Examinabuntur ministri ab iis a quibus eliguntur, si probetur eorum doctrina et vita, [...]" Rutgers, *Acta*, 63.

83) "In doctrina quatuor observari erit utile, [...]" Rutgers, *Acta*, 14.

용도 역시 정해졌다.[84]

요약하면, 16세기 개혁교회 교회법은 교리를 보호하고 증진하려고 했다고 말할 수 있으며, 여기서 교리에 대한 염려는 영생에 대한 염려를 포함한다는 사실이 출발점이다.

결론

칼빈의 교리 개념에 대해서 "그리스도인이 되기 위해 알아야만 하는 교리의 묶음 또는 교리 명제들의 묶음"이 아닌 "실천하는 일상적 지식"의 문제로 제시된다면,[85] 이것은 기본적으로 16세기 전체 개혁주의 전통으로 여겨진다. 그런데 이것은 이후 세기에도 유효한가? 다시 발견한 '순수한 교리'(sana doctrina)의 전달은 시간이 흐르면서 그 내용에 스콜라적인 즉 학교에 적합한 접근방식이 필요했다. 이런 개혁신학의 발전은 결과적으로 성경과 교리의 순서가 뒤바뀌게 된 것을 보여준다. 칼빈에게 교리가 성경에 앞서 선행한다면, 개혁주의 전통

---

84) Rutgers, *Acta*, 14.
85) Weerda, *Ordnung*, 149.

에서는 교리는 성경에서 흘러나온다. 그러나 이것은 교리 개념이 다르다는 것보다는 변화된 맥락과 관련이 있다. 이런 변경이 꼭 모순적이거나 개혁적 원리를 포기한 것으로 이해될 필요는 없다. 그것은 신학과 교회에 큰 결과를 가져올 수 있는 발전이었다. 의심의 여지없이 이제 교리는 정서적이기보다는 지성적으로 중시되며, 교리가 더 적게 삶을 지향하는 위험에 처했다. 신앙고백서, 요리문답서, 교회법에서 교리가 작성된 방식은 그런 위험에서 교리를 보호하려고 했지만, 그 위험의 문은 열렸다. 16세기 개혁주의 전통의 교리 개념 안에서 그런 진전에 대해 내용상으로 주목할 어떤 것도 없다. 교리에 대한 언급은 명시적으로 설교, 목양, 믿음 안에서 이루는 성장, 그리고 교회를 세워감이라는 문맥 안에 있으며, 이런 것들을 위해 봉사한다. 교리란 개념은 기본적으로 실천을 목표로 하는 것이다.

HERMAN J. SELDERHUIS

06

16·17세기 네덜란드 칼빈주의의 문화와 사회*

---

* 이 강의는 다음 책의 일부이다. Herman J. Selderhuis (ed.), Handbook of Dutch Church History, Göttingen 2014.

I. 용어: 네덜란드의 칼빈주의[1]

칼빈주의는 사실 여러 이유에서 문제가 있는 개념이다. 원래 이 개념은 부정적인 의미에서 시작되었다. 독일의 루터란들은 이를 욕으로 사용하였다. 칼빈 스스로도 자신의 이름을 따라 지어진 어떤 운동이 알려지는 것을 좋지 않게 생각했다. 그가 의도한 것은 그리스도의 이름이 전면에 드러나는 것이었기 때문이다. 또한 네덜란드에서 '칼빈주의적'이라는 표현은

---

1) Apperloo-Boersma, Karla / Selderhuis, Herman F. (Hrsg.): Calvijn en de Nederlanden, Apeldoorn 2009; Den Boer, W.A.: Calvijn en het Nederlandse calvinisme, Apeldoorn 2009; Duke, A.: Reformation and Revolt in the Low Countries, London 199; Nauta, D.: De Reformatie in Nederland in de historiografie. In: Geschiedschrijving in Nederland. deel 2, hrsg. v. P.A.M. Geurts and A.M. Jansen, Den Haag 1981, 206-227; Rutgers, F.L.: Calvijns invloed op de Reformatie in de Nederlanden, voor zoveel die door hemzelven is uitgeoefend, 3. Aufl. Leeuwarden 1980; Tracy, J.D.: Holland under Habsburg Rule, 1506-1566, Berkeley / Los Angeles 1990; Woltjer, J.J. / Mout, M.E.H.N.: Settlements: The Netherlands. In: Handbook of European History 1400-1600: Late Middle Ages, Renaissance and Reformation, Vol. 2: Visions, Programs and Outcomes, hrsg. v. T.A. Brady jr. et al., Leiden 1995, 385-415.

엄격함, 편협함, 교조주의, 무관용, 그리고 네덜란드 사람에게 있는 온갖 나쁜 성격들을 가리키는 의미로 사용되었다. 여기에서 사람들이 자주 잊어버리는 것이 있다. 네덜란드의 정치와 사회가 칼빈의 교훈을 따라 세워졌는가를 볼 때 네덜란드는 한 번도 칼빈주의적이지 않았다는 사실이다. 또한 네덜란드 국민의 다수가 개혁파 교회의 일원이었던 적은 한 번도 없었다. 국민의 다수는 칼빈주의를 원하지 않았다. 오히려 그들은 정치와 종교에서 자유를 원했다.

하지만 칼빈주의라는 용어는 교회사 연구에서 많이 사용되고 있다. 비록 칼빈주의의 개념에 문제가 있다 하더라도 다른 표현을 쓰는 것은 혼동을 줄 수 있다. 이름을 잘못 썼다고 해서 좋은 의미가 사라지는 것도 아니다. 게다가 칼빈주의는 네덜란드 종교개혁에서 낯설지도 않다. 네덜란드에서 종교개혁은 에라스무스적이며, 칼빈의 교훈은 수입되었고, 그래서 원래 네덜란드의 것이 아니라는 주장이 있지만 이는 사실에 입각한 것이 아니다. 사실 칼빈의 영향이 제네바나 프랑스나 남부 네덜란드에서 직접 온 것은 물론 아니다. 훨씬 간접적으로, 주로 소위 피난민 교회를 통해 흘러온 것이다.

1550년 이전에 칼빈주의는 네덜란드 안에서 별다른 역할을 하지 못했다. 그러나 프랑스와 독일로 이 운동이 확장되고 강화된 후에는 상황이 변했다. 안트베르펜에서 1555년 첫 번째 개혁파 교회인 '십자가 아래 교회'(kerk onder het kruis)가 설립되었다. 1560년쯤 플란더 지방[브뤼거(Brügge), 헨트(Gent), 오오스텐데(Oostende)]과 브라반트 지방[브레다(Breda), 브뤼셀(Brüssel)]에 지하 교회가 생겨났다. 그리고 1565년 이후 네덜란드 북부에도 생겨났다. 이 '십자가 아래 교회들'은 안트베르펜을 중심으로, 1562년부터 노회(Synode)를 열었다. 그들은 자신들만의 조직을 가졌고, 엠덴과 런던에서 교육받은 대표자들에게 지도를 받았다. 처음에는 루터 쪽에 있던 많은 이들이 칼빈주의 교회로 연결되었다. 이는 칼빈의 신학적 사고체계가 루터의 체계 위에 세워졌고, 떠오르는 칼빈주의가 -무시되고 있었지만- 네덜란드에 이미 존재하던 종교개혁 사상에 그의 에라스무스적이고 인문주의적인 요소들과 함께 잘 연결되었기에 가능하였다.

　칼빈의 영향은 세 가지로 나타난다. 첫째, 프랑스어권 지역에서 네덜란드로 온 그의 글들이 영향을 끼쳤다. 네덜란드어로 번역된 칼빈의 첫 두 저작들은 1554년에 나왔고, 이 저작들은 종교개혁파 그리스도인이 교황주의자들 아래서 어떻게 대응할 것인지의 문제에 집중하였다. 소위 '니고데모파'에 반대하는 저작이 거기에 있다. (니고데모는 요한복음 3장에서 예수님을 공개적으로 지지하지는 못하였기에 밤에 찾아온 인물이다.) 니고데모파는 그들이 내적으로는 개혁파 교리를 따름에도 겉으로는 가톨릭 신자로 드러내는 그룹을 말한다. 칼빈의 기독교 강요 최종판은 1559년에 출판되었다. 바로 1년 뒤 그 방대한 책이 네덜란드어로 번역되어 나왔다.

둘째 영향은 개인적인 접촉을 통해서이다. 이 접촉은 칼빈이 뤼티흐(Lüttich) 출신의 이델레트 판 부렌(Idelette van Buren)과 결혼함으로 바로 드러난다. 또 중요한 것은 칼빈이 네덜란드의 교회 지도자와 나눈 서신 교환이다. 그 외에 칼빈이 제네바에 설교자를 양성하기 위해 세운 제네바 아카데미에서 교육받은 네덜란드 학생들과 접촉한 것이 일정한 역할을 하였다. 네덜란드와 제네바 사이의 이 관계는 칼빈이 죽은 1564년 이후에도 오랫동안 유지되었다.

셋째 영향은 설교자들이다. 그들은 네덜란드 교회의 요청으로 제네바에서 와서 교회의 생기를 살리는 일을 도왔다. 그들 중에 가장 유명한 이들은 피에르 브룰리(Pierre Brully, 약 1512-1545), 예안 타펀(Jean Taffin, 1529-1602) 그리고 귀도 드 브레(Guido de Brès, 약 1522-1567)이다. 칼빈주의 교회 지도자들 모두 칼빈주의와 마찬가지로 큰 다양성을 특징으로 보여준다.

네덜란드 칼빈주의에 대한 칼빈의 영향 외에 또한 취리히의 츠빙글리의 후계자 하인리히 불링거(Heinrich Bullingers, 1504-1575)도 언급되어야 한다. 1560년에 작성된 재세례파에 반대하는 그의 주요 작품이 1569년 네덜란드어로 번역되어 '재세례파에 반대하여'(Teghens de Wederdopers)라는 제목으로 출판되었다. 신학적으로 볼 때, 언약의 강조가 중요하다. 교회와 국가의 관계에 대한 그의 시각도 중요하다. 그는 교회의 일 가운데 중요한 역할을 국가와 나누었기 때문이다.

예정에 대한 논쟁에서, 칼빈주의 예정교리를 거부하는 항론파(Remonstranten)들은 불링거가 예정에 대하여 칼빈과 다른 견해를 가졌다는 가정 아래, 불링거의 언약신학이 자신들을 지지한다고 주장했다. 이들의 이런 주장이, 도르트레히트 회의(die Synode von Dordrecht) 후에, 불링거의 50편의 설교를 모은 책의 발행부수를 감소시키는 계기가 되었지만, 이 책은 -많은 가정들을 제외하고도- 꾸준히 읽히는 책으로 동서인도회사의 많은 배에 여전히 남아 있었다. 불링거의 신학이 도르트레히트 회의 결정에 모순되지 않은 것은 분명하다.

II. 기적의 해 1566년: 귀족의 청원서, 들판설교, 성화파괴[2]

다른 나라들과 달리 네덜란드의 종교개혁은 아래에서부터 일어난 운동이었다. 많은 시민들에게 퍼진 이 운동의 발전은 처음에는 정부의 폭력적 진압으로 자연스레 저지되었다. 이

---

2) Dankbaar, W.F.: Hoogtepunten uit het Nederlandsche calvinisme in de zestiende eeuw, Haarlem 1946; Van Deursen, Th.: De last van veel geluk. De geschiedenis van Nederland 1555-1702, Amsterdam 2005; Goossens, A.A.: Les inquisitions modernes dans les Pays-Bas méridionaux 1520-1633, 2 volumes, Brussel 1997-1998; Groeneveld, S. et al.: Ketters en papen onder

종교개혁 요구는 기회가 생기자 바로 더욱 격렬해졌다. 이렇게 발생한 시민전쟁은 종교전쟁의 성격까지 띠게 되었다.

1566년은 네덜란드 교회와 정치 역사 가운데 기점이 될 만한 해인데, '기적의 해'(Annus mirabilis)라 불리게 되었다. 필립 2세(Philipps II)의 가혹한 조치에 대한 반응으로 파르마의 마르가레터(Margarethe von Parma) 총독 치세의 귀족들 중 한 그룹이 '귀족의 청원서'(smeekschrift der edelen)라는 제목으로 청원서를 제출하였다. 거기에서 그들은 '이단'을 반대하는 법들을 폐지할 것을 요구하고, 종교 분쟁의 해결을 위해 법적 규제에 앞서 의회에서 의논할 것을 요구하였다. 이 문서는 스페인을 거부하는 혁명의 의미에서 네덜란드 국가의 시작이나 탄생으로 볼 수 있다. 많은 역설들이 이 저항을 둘러싸고 있었다. 저항은 자유를 위하여(haec libertatis causa) 일어났다. 저항의 목표는 레이든이 포위되던 비상시기에 주조된 동전에 쓰인 글이 증언하는 것처럼, 종교와 정치의 자유(godsdienstige en politieke vrijheid)이

Filipts II, Utrecht 1986; Hageman, M.J.M.: Het kwade exempel van Gelre. De stad Nijmegen, de Beeldenstorm en de Raad van Beroerten 1566-1568, Nijmegen 2005; Janssen, A.E.M. / Nissen, P.J.A.: Niederlande, Lüttich. In: Die Territorien des Reichs im Zeitalter der Reformation und Konfessionalisierung. Land und Konfession 1500-1650, 3. Der Nordwesten, hrsg. v. Anton Schindling und Walter Ziegler, Münster 1991, 200-235; Krongenberg, M.E.: Verboden boeken en opstandige drukkers in de hervormingstijd, Amsterdam 1948; Noordzij, H.: Handboek van de Reformatie, De Nederlandse kerkhervorming in de zestiende eeuw, Kampen 2003; Crew, P. Mack: Calvinist Preaching and Iconoclasm in the Netherlands 1544-1569, Cambridge 1978.

다. 마지막 동기는 좀 더 보수적인 성격을 띤다. 귀족과 그 계급들은 그들의 수백 년간의 특권을 초기 근대주의 중앙집권국가에게서 지키려 했다. 그러나 그 보수적인 반응은 더욱 현대적인 국가를 탄생시키는 열매로 나타났다. 즉 공화국으로 가는 국가연합이 탄생했다. 그리고 종교적 자유에 대한 요구도 역설에 봉착하게 되었다. 개신교를 무자비하게 억누르는 것에 대한 싸움에서 시작하여, 결국 가톨릭을 억누르고, 칼빈주의 교회에서 벗어난 다른 모든 종파들을 억누르는 것으로 나가게 되었다. '귀족의 청원서'는 믿음의 자유에 대한 희망을 부풀게 하였고, 전에 피난을 떠났던 몇몇 네덜란드 설교자들은 영국에서 다시 플란더로 돌아왔다.

비밀스럽게 모이던 모임도 이제 들판 설교로(hagenpreken)로 공개적으로 모이게 되었다. 자유로운 분위기의 설교는 1566년 5월 말에 처음으로 플란더 서부에서 열렸다. 그 해 6월 안트베르펜 지역에서, 7월에 호오른(Hoorn)에서 이런 방식으로 설교가 이뤄졌다. 이 예배에 참여하는 사람들의 수가 매우 급격하게 증가하였다. 안트베르펜에서 5월에서 6월 사이에 약 5천 명의 사람들이 정기적으로 모였고, 7월에는 모인 수가 2만5천 명이라는 말도 있었다. 이 숫자가 매주 모였다는 것은 군중 다수가 호기심 때문이 아니라, 선포된 내용에 대한 관심 때문일 것이다. 들판 설교는 정해진 규칙을 따라 이루어졌다. 프랑스와 독일에서 작성된 규범에 따라 성찬을 베풀고 기도를 하였다. 시편의 운율을 노래하기 위해 인도자가 제네바에서 온 프랑스어판과 페트루스 다테누스(Petrus Dathenus)의 네덜란드어판 중에서 선택할 수 있었다.

영국에서 돌아온 지도자 세바스티안 마테(Sebastian Matte)와 야콥 드 부이쩨레(Jacob de Buyzere)의 설교로, 1566년 8월에 서 플란더에서 약 백 개의 마을과 도시들에서 성화들을 파괴하는 일이 발생하였다. 8월 20일과 21일에 이런 사건들이 안트베르펜에서도 발생하였고, 다른 큰 도시들까지 점차 확산되었다. 이러한 소위 성화 파괴는 결코 난폭한 대중의 즉흥적 행위가 아니었다. 오히려 잘 조직된 소수 그룹의 의도된 행위였다. 그들은 교회의 실내 장식을 제거할 때에 조심스럽게 일을 처리했다. 그들의 동기가 우상 그림을 파괴하는 것만이 아니라, 개혁파 예배를 위한 사전 준비 작업이었기 때문이다.

이 운동에 참여한 이들은 다수가 젊은 사람들이었다. 성화 파괴는 종교적 요소뿐 아니라, 사회적 정치적 요소도 담고 있었다. 하지만 이런 행위를 거절하면서 정부를 통하여 그림을 질서 있게 제거할 것을 제안하는 설교자들도 많았다. 이 운동에서 벌어진 작은 반대는 주목할 가치가 있다. 칼빈주의자들이 교회 안의 성화를 반대해서 그림들이 파괴된 것이 아니었다. 오히려 성화가 억압하는 교회와 정치 시스템의 상징이었기 때문이다. 도르트레히트와 하아르렘(Haarlem)과 하우다(Gouda) 같은 도시에서는 관청이 성화 파괴를 막았다. 헨트, 우트레히트(Utrecht), 레이든(Leiden) 그리고 덴 하악(Den Haag)에는 급진적 운동가들이 더 많았다. 이것은 교회를 폭력으로 약탈해서 새로운 종교를 위한 자리를 만든 것을 뜻한다. 그 행위에 복수하고 싶은 마음으로 참여한 자도 있었고, 소란스런 분위기에 마음이 이끌린 참여자들도 있었다.

이 폭력적 행위들의 결과로, 총독인 파르마의 마가레트가 공식적으로 종교개혁의 설교들을 허용하였는데, 1566년 8월 23일, 전에 설교가 행해졌던 곳에서는 설교를 하도록 허락하였다. 바로 그 날 반란을 일으킨 귀족들이 마가레트와 협정을 맺었다. 이 시기에 과연 무엇이 설교되었는지는 정확하게 연구되어 있지 않다. 듣는 이들에게 영향을 주기 위해 구체적으로 무엇을 설교했는지도 연구되어 있지 않다. 꾸준한 주제는 믿음을 통한 칭의의 강조, 비성경적 입장에 대한 비판, 그리고 특권을 누리는 부유한 사제들에 대한 비판이었던 것은 분명하다. 이는 시민들에게 새로운 교회와 사회 질서에 대한 기대를 가지도록 했다.

1566년에 발생한 세 가지의 일은 교회와 문화와 정치와 사회에서 네덜란드 칼빈주의의 특징을 드러냈다. 들판 설교는 설교와 말씀에 집중하며 교회 안팎에서 가르치는 일에 영향을 주었다. 성화 파괴는 로마 교회와 외적인 것을 중시하는 관습을 철저히 거부하게 하였다. 그러나 또한 이 방식은 루터가 재세례파와 분명히 연관시켰던 행동주의를 지향했다. 저항의 시작은 민주주의화 과정을 지향하는 상징이 되었고, 교회와 정부 사이의 새로운 관계만이 아니라 또한 독립을 위한 노력을 지향하게 했다. 독립은 혁신적으로 변화하고 전통에서 벗어나는 일인데 그들의 생존만큼 절실했다.

III. 신앙고백의 발전[3]

네덜란드 신앙고백과 하이델베르크 요리문답은 네덜란드 개혁파 개신교의 발전에서 큰 비중을 차지한다. 벨직 신앙고백(*Confessio Belgica*)은 귀도 드 브레(Guido de Brès)가 개혁파 교리를 요약한 것으로서 개혁파 교리가 재세례파와는 분명히 다르다는 것을 드러내고자 하였다. 이 신앙고백은 1561년 비밀리에 출판되었으나 널리 알려지게 되었고, 곧 개혁파 개신교의 기본 주장들을 좋아하는 이들에게 성경 교리의 기준이 되는

---

3) Apperloo-Boersma, Karla / Selderhuis, Herman J. (Hrsg.): Macht des Glaubens. 450 Jahre Heidelberger Katechismus, G ttingen 2013; Augustijn, C.: Die Reformierte Kirche in den Niederlanden und der Libertinismus in der zweiten H lfte des 16. Jahrhunderts. In: Querdenken. Dissens und Toleranz im Wandel der Geschichte, hrsg. v. M. Erbe u.a., Mannheim 1996; Verboom, W.: De catechese van de Reformatie en de nadere Reformatie, Amsterdam 1986.

요약이요 구속력 있는 문서로 여겨졌다. 하이델베르크 요리문답도 이와 동일하게 기준이 되고 구속력 있는 기능을 하고 있다. 1563년 이 요리문답은 팔츠의 선제후(Kurfürst der Pfalz) 프리드리히(Friedrich)의 지시로 자카리우스 우르시누스(Zacharias Ursinus)가 중심이 되어 카스파르 올레비아누스(Caspar Olevianus)의 동역으로 교과서로서 작성되었다. 52개의 개별 묶음으로 구성되어 문답 형태로 개혁파 교리가 진술되었다. 매 주일 낮 교리의 한 부분이 고백문답을 따라 해설될 수 있었다. 대상은 특히 교회의 젊은이와 아이들이었다. 52개의 요리문답 주일들은 크게 비참함, 구원, 감사 세 개의 주제로 나뉜다.

이 요리문답 내용의 특징은 개신교 내의 다양한 신학적 강조점을 정리한 것이다. 츠빙글리, 루터, 멜란히톤, 칼빈 그리고 베자의 견해들이 거기에 나타난다. 또 하나의 특징은 로마 가톨릭 교리를 거부하되 성만찬에 대한 견해를 단호히 거부하는 것이다. 출판된 해에 하이델베르크 요리문답은 페트루스 다테누스(Petrus Dathenus)에 의해 네덜란드어로 번역되었고, 1566년에 네덜란드에서 벌써 요리문답 강의가 진행되었다. 1585년까지 이 요리문답은 60쇄가 출판되었다. 이 교과서는 예배에서뿐 아니라 주중의 교리 교육에서 수백 년이 넘도록 크게 사랑을 받았고, 여러 세대의 삶과 영성에 영향을 주었다. 네덜란드의 칼빈주의가 이미 16, 17세기에 칼빈의 작품이 아닌, 멜란히톤 학파에서 나온 문서로 교육을 받고, 믿음의 교리를 견고하게 했다는 것은 네덜란드 칼빈주의의 폭을 분명하게 보여준다.

IV. 예식의 발전[4]

성경과 설교가 예배에서 핵심적 자리를 차지하게 되었다. 교회가 하나님께 그리스도를 드리는 제사로서 행했던 제단의 자리를 설교단이 맡았다. 설교단의 설교는 하나님에게서 오는 그리스도의 제사에 대한 소식으로 교회에 선포된다. 성례 대신 말씀 선포가 중심에 선다. 당연히 일상의 언어로 행해지는 말씀 선포는 예배의 다른 부분에서도 교회 라틴어를 배척했다.

예식의 개혁은 성례를 베푸는 것도 바꾸었다. 가톨릭의 일곱 성례는 종교개혁에서 두 가지 성례, 곧 세례와 성찬으로 줄었다. 세례의 경우, 세례 증인들은 세례 받는 이의 부모로 대체되었다. 성찬의 경우 제단이 없어지고, 앉아서 빵과 잔을 받

---

4) De Gier, J.J.: Van de souterliedekens tot Marnix: stromingen en genres binnen de letterkunde der hervorming in de zestiende eeuw, Kampen 1987; Luth, J.R.: Daer wert om 't seerste uytgekreten …, Bijdragen tot een geschiedenis van de gemeentezang in het Nederlandse Gereformeerde protestantisme ± 1550-±1852, 2 Bände, Kampen 1986.

는 식탁이 등장했다. 두 가지 성례를 베푸는 데 교회의 지도는 매우 중요했다. 매번 세례와 성찬을 베풀 때에 앞에서 낭독되었던 예식의 형식은 없어졌다. 새로운 형식들은 성례의 성경적 목적이 무엇이고 누구를 위하여 그것이 해설되어야 하는지, 그리고 세례 받는 이들 혹은 성찬에 참여하는 이들을 위한 결과가 무엇인지를 교회에 가르치고자 했다. 무엇보다 믿음의 필연성이 강조되었다. 이는 종교개혁의 믿음 개념이 강조하는 지식의 면을 드러낸다. 세례와 성찬의 두 예식에서는 루터 신학의 요소와 츠빙글리 신학의 요소를 모두 볼 수 있다. 성례에서 역사하는 힘에 주목하는 루터의 시각과 바른 마음자세 없이 외적으로 성례를 행하는 것은 아무 유익이 없다는 쯔빙글리의 시각이 함께 연결되어 있다. 그리스도의 임재를 성령의 힘으로 나타내는 것은 칼빈 신학에 터를 두고 있다. 이는 또한 츠빙글리와 루터를 함께 묶는 것이다.

종교개혁에 영향을 주었던 예식의 변화들 중 다른 특징은 교회의 찬양이다. 성가대 찬양과 라틴어 찬송가를 부르는 것을 반대하였다. 회중 찬양을 도입하고, 민족 언어로 행하는 예식을 위해서 필연적으로 새로운 찬송가를 만들게 되었다. 16세기의 교회회의(Synode)는 시편만 부르는 경향을 강화시켰다. 교회에서 부르는 노래가 가급적 성경에 가까워야 한다는 확신 때문이었다. 교회회의는 찬송은 시편을 부르는 것으로 제한하고, 몇 개의 간단한 행만 추가하도록 확고히 결정했다. 그리고 성경의 단락에 운율을 붙이는 방식이 허용되었는데, 예를 들면 마리아의 송가, 십계명, 주기도문 등이다. 오베레이셀(Overijssel)에서 예외가 하나 적용되었다. 농민들이 다윗 시편의 사용에 익숙해지도록 하기 위해 루터의 몇 노래들을 부르는 것이 허락되었다.

시편찬송은 반란의 역할도 했다. 소위 성가대(Chanteries)가 조직되었다. 한 도시에서 그룹으로 움직이면서 클레망 마로(Clément Marot)와 테오도르 베자(Theodor Beza)의 프랑스어 시편들을 불렀다. 추가로 시편 책들이 다량으로 분배되었다. 하지만 모든 개혁파들이 이 저항방식에 함께할 수는 없었다.

네덜란드의 예식법에는 제네바와 하이델베르크 그리고 런던의 영향이 발견된다. 마르틴 미크로니우스(Martin Micronius)의 기독교 예식(Christelijke Ordinantiën)에 따르면 런던에서 교회는 한 주에 세 번을 예배로 모였다. 주일에 두 번 그리고 목요일에 한 번이다. 주일 오후에 설교 대신 요리문답을 해설하였다. 이 예배 가운데 청소년들은 요리문답의 질문에 답해야 했다. 그 후에 그 주간의 요리문답이 설교에서 해설되었다. 네덜란드에서는 이러한 주일 예배 형태를 받아들였고, 의무적으로 행하게 되었다.

V. 개신교화[5]

교회사 연구에서 자주 네덜란드의 '개신교화'가 논의된다. 칼빈주의 정부 압력으로 네덜란드는 국민의 다수가 이를 원하지 않은 상태에서 개신교로 넘어갔다는 것이다. 하지만 사람들은 다음의 주제를 간과했다. 네덜란드에 그러한 정부가 있기 전에 재세례파는 공식적인 핍박에도 불구하고 강력하게 확장될 수 있었다. 국민들이 재세례파에 대해 열려 있었기 때문에 가능한 일이었다. 다른 측면으로 1572년 정치적 대개혁 후에, 많은 정권들이 개혁파 종교로 바꾸려고 노력하지 않은 것은 분명하다. 그들은 교회가 그렇게 변화하기를 원했을 뿐이다. 정부들은 자주 에라스무스적이며 관대하였다. 그들은 칼빈주의 신정정치의 모든 형태를 두려워했다. 예를 들어 오라니언의 빌헬름(Wilhelm von Oranien)은 지속적으로 몇몇 칼빈주의 설교자들의 신정정치적인 요구들을 반대하였다. 개혁파 종교의 친구들이라 불리는 많은 이들이 있었지만, 사실 개혁파 교회의 구성원들의 숫자는 어림잡아 초기 국민들의 10퍼센트를 결코 넘지 않았다. 이 수치가 정확한 통계에 기초한 것은 아니지만 몇몇 역사가들에 의해 너무 낮게 평가되는 것도 사실이다. 그래도 국민의 다수는 개신교도가 아니고 가톨릭도

---

5) Elliot, J.P.: Protestantization in the Northern Netherlands, a case study: The calssis of Dordrecht, 1572-1640, unpublished dissertation, Colombia University 1990.

아니었다는 것은 옳은 이야기이다. 예를 들면 영국과 달리 예배의 참석은 그들에게 의무가 아니었다.

하지만 예배를 자발적 동기로 참석한 많은 이들이 있었다. 그래서 정부를 통하여 강요된 개신교회는 성립하지 않는다. 그럼에도 칼빈주의가 큰 역할을 감당할 수 있었던 것은 칼빈주의의 내용이 네덜란드의 새로운 사정에 잘 맞았기 때문이다. 칼빈주의 내부에는 재세례파나 루터주의자와 달리 법을 어기거나 압제하는 정부에 저항하는 권리를 추종하는 이들이 많았다. 칼빈주의 사회관은 정치적 책임을 특별히 강조한다. 새로운 이상과 자연과학에 어울리는 정직은 자족과 부지런한 노동의 윤리와 연계되어 네덜란드에서 이미 오랫동안 있어 왔던 것들과 잘 맞아들었다. 중간계층에게 무역과 상업은 크게 매력적이었다. 교회와 관련하여 칼빈주의는 독립적으로 잘 조직된 교회의 활동을 대변한다. 그 안에서 일반 신자들은 교회가 인도하는 본질적인 한 부분을 형성한다. 시민들 다수는 특정 교회의 입장에 확고하게 매이지 않았다. 이것은 특권 있는 종교로 선택될 때 칼빈주의에 유리했다. 하지만 시민의 다수가 칼빈주의를 선택하지는 않았다. 넓은 중간계층은 발전을 기대했고, 설교자들은 이미 개혁파가 된 이들에 대하여 불평을 했다. 그들이 주일에는 개혁파 설교를 듣지만 실생활에서는 십자가상을 사용하고 성지 순례자를 좋아한다고 비판했다. 그들의 이런 비난은 가톨릭에서 종교개혁으로 넘어간 것이 많은 이들에게 급진적 회심이나 깨어짐의 결과가 아니라 오히려 단계적 과정의 결과라는 견해를 견고히 한다. 이 단계에서 믿음의 선택은 다른 요소들과 함께 역할을 감당한다. 어떤 이들에게는 내적 변화가 아니라 시대와 함께 외적인 사회 변화들이 개혁파가 되는 결정적 계기가 된다. 하지만 이 과정이 일정한 역할을 해서 직접적이고 개인적인 믿음의 경험을 동경하는 개혁파의 영성에도 연결된다.

전체 과정에서 정치 집단은 매우 큰 영향을 주었다. 이 집단에 많은 지도적 인물들이 속해 있었기 때문에 칼빈주의가 흔히 인정되는 것보다 훨씬 더 공식적으로 중요하게 여겨졌다. 정치 집단에게 스페인은 위험 요소였고 가톨릭 종교도 위험한 요인으로 간주되었다. 그런데 개혁파들도 마찬가지로 위험 요소로 여겨졌다. 그들이 새로운 종류의 교황으로 발전할 수 있었기 때문이다. 결국 정부들은 '개신교회'와 무관했다. '칼빈주의화'와는 더욱 거리가 멀었다. 그들은 가톨릭에서 정치적인 면을 제거하는 데 관심이 있었다. 그런 점에서 오히려 '탈가톨릭화'를 논의할 필요가 있다.

VI. 교육의 변화[6]

글을 읽을 줄 아는 이들의 비율은 북부 네덜란드가 남부보다 높다. 이것은 분명 교회적으로, 신학적으로 근거가 있다. 종교개혁이 성경에 부여한 높은 위치로 인해 읽기를 권고한 사실은 남부보다 북부에서 강력했다. 게다가 남부에서는 일반 교육보다 교회와 종교 교육에 강의의 초점이 맞추어졌다. 15세기 이래 교육은 발전 중이었고, 흔히 교회 곁에 세워지는 학교에서 시작하여 공립학교로 나아가게 되었다. 6세부터 아이들은 읽기, 쓰기, 셈하기, 종교 수업을 받았다. 이것이 모든 아이들이 학교에 간다는 것을 의미하지는 않는다. 근거로 암스테르담의 통계를 들 수 있다. 1630년 남자의 57퍼센트 여자의 30퍼센트가 혼인증명서에 자신의 이름을 쓸 수 있었다. 상업과 무역의 직무를 익히고자 하는 이들에게는 상급 교육이 이루어졌다. 공립학교에서 아이들은 15세까지 라틴어를 배울 수 있었다. 16세기에 공립학교들은 9세까지의 학생들을 받았고, 라틴어 학교는 대학교육을 준비하기 위한 것이었다.

---

[6] Jensma, G.Th.: Universiteit te Franeker 1585-1811. Bijdrage tot de geschiedenis van de Friese Hogeschool, Leeuwarden 1985; de Jonge, H.J.: De bestudering van het Nieuwe Testament aan de Noordnederlandse universiteiten en het Remonstrants Seminarie van 1575 tot 1700, Amsterdam 1980; Kuyper, H.H.: De opleiding tot de dienst des woords bij de gereformeerden, 's-Gravenhage 1891; Otterspeer, W.J.: Groepsportret met Dame. De Leidse universitet 1575-1672. Het bolwerk van de vrijheid, Amsterdam 2000.

북부 네덜란드와 남부 네덜란드 사이의 구분은 1575년 레이든에 대학이 설립됨으로 더 심해졌다. 남부에는 1426년 이래 뢰벤(Löwen) 대학이 있었다. 그러나 이 기관이 반종교개혁의 보루로 발전했기 때문에, 개혁을 마음에 둔 학생들은 외국에서 공부하는 것 외에는 달리 가능성이 없었다. 신학을 공부하기 위해 사람들은 주로 제네바, 하이델베르크 그리고 비텐베르크로 갔다.

레이든에 대학이 설립됨으로 이런 상황이 변할 수 있었다. 오랑니엔의 빌헬름이 모범적 저항을 한 도시로 상찬하며 레이든을 선택했다. 설립 동기는 이중적이다. 먼저 신학자들이 긴급히 필요했다. 또한 법학을 공부하고 지도자로 나설 수 있는 이들이 필요했다. 대학은 이제 새로운 국가와 공적 교회를 위한 교육 중심지가 되어야 했다. 대학은 먼저 폭군과 종교적 압박에 대항하는 지적 보루로서 역할을 했다. 둘째로 지역에 대학이 없으면 많은 네덜란드 학생들이 외국의 교육기관을 찾을 것이요 그러면 자연히 돈이 유출된다. 학생들이 자기 나라에서 돈을 쓴다면 훨씬 좋을 것이다.

교회는 레이든 대학을 관리하는 자리를 차지하고자 했으나 대학이 거부했다. 학업 중에 대학에서 배우는 것과 다른 가르침을 따르지 않겠다는 진술은 학생들에게 더 이상 요구되지 않았다. 외국 학생들에게는 그것이 학교를 떠날 충분한 동기가 되기에 이 규정은 신속히 없어졌다. 학생들을 끌기 위한 다른 조치는 교과과정 확장이었다. 신학에서는 레이든에서 근동 언어들이 특별한 관심을 받게 되었다는 것이 큰 의미가 있었다. 이슬람 세계에 대한 지식이 증가하였듯이 구약 시대의 세계에 대한 지식이 증가하였기 때문이다. 그 외에도 레이든은 국제 수준의 학자들을 끌어들였다. 그들 중 요셉 유스투스 스칼리거(Joseph Justus Scaliger, 1540-1609)가 있었다. 그는 고전어와 근동어 연구와 강의를 크게 장려하였다. 이런 조치들은 식물원과 도서관 등 다른 발전들과 함께 레이든이 17세기 초에 유럽의 가장 중요한 대학 중 하나가 될 수 있게 하였다. 레이든 이후 다른 지방에서도 대학들이 설립되었다. 프라네커(Franeker, 1585), 흐로닝엔(Groningen, 1610), 하르더베이크(Harderwijk, 1627), 우트레히트(Utrecht, 1636) 그리고 브레다(Breda, 1646)들이다.

대학과 교회의 관계는 설교자의 양성으로 이어진다. 대학은 가르치고 교회는 시험을 치러서 설교직을 허락한다. 교회는 설교자가 학문적인 내용뿐 아니라 실제적인 면에서도 교육을 받도록 주의를 기울이라고 요구하였다. 이런 요청은 설교자들이 때로 정말 많이 알고 있지만, 그 지식을 교회의 설교에서 전달하는 방법을 제대한 알지 못한다는 경험에 기인한다.

VII. 사회 속의 교회[7]

일곱 개의 지방 연합체 곧 이 나라가 하나의 개혁파 혹은 칼빈주의 국가가 되었다는 그림은 잘못된 것인 만큼 더 널리 퍼졌다. 이 그림은 개혁파 교회의 선구자들 사이에서도 이미 이상으로서 존재했었다. 이스라엘처럼 구속으로 선택된 나라가 되려는 이상은 다른 유럽 민족들 가운데서도 꽃을 피웠다. 하지만 이런 자기 식의 그림은 어디서도 네덜란드만큼 강력하지 못했다. 15만 명 정도가 부유한 남부를 떠났다. 강을 건너, 이방인과 비시민권자로 자처하고 북부로 이주하였다. 그들은 거기에서 새로운 사회와 교회의 삶을 세우고자 했다. 스페인을 거부하는 종교적 반란과 함께, 이 경험은 이 나라가 제2의 이스라엘이 되어야 한다는 생각의 기초를 만들었다. 그것은 설교자를 선지자로 만들고, 교회와 정부의 협력을 가져왔다. 교회와 정부의 협력은 모세(정부)가 아론(교회)에게서 받은 규례에 따라 판결해야 했던 것과 같다. 재앙들과 전쟁들 그리고

---

7) Bergsma, B.W.: Tussen Gideonsbende en publieke kerk. Een studie over het gereformeerd protestantisme in Friesland, 1580-1650, Hilversum / Leeuwarden 1999; Kaplan, J.: Calvinists and Libertines. Confession and community in Utrecht 1578-1620, Oxford 1995; Mörke, O.: „Konfessionalisierung" als politisch-soziales Strukturprinzip? Das Verhältnis von Religion und Staatsbildung in der Republik der Vereinigten Niederlande im 16. und 17. Jahrhundert. In: Tijdschrift voor sociale geschiedenis 16 (1990), 31-60; Spaans, J: Haarlem na de Reformatie, Stedelijke cultuur en kerkelijk leven, 1577–1620, 's-Gravenhage 1989; Woltjer, J.J.: De plaats van de calvinisten in de Nederlandse samenleving': De zeventiende eeuw 10 (1994) 1, 3-23.

다른 좋지 않은 것들은 이런 그림 안에서 이해되었다. 많은 설교자들은 그것들을 불신과 무법에 대한 하나님의 심판으로 해석하였다. 이스라엘과 공화국 사이의 유사성은 네덜란드가 세상을 위한 복음을 가졌고, 세계 역사에서 중요한 역할을 한다는 것을 의미하게 되었다.

    정부가 세계 역사에서 중요한 역할을 분명하게 행하려 하면서도 또한 교회와는 일정한 거리를 유지하려고 했다.

    이런 상황 가운데서 한편으로 교회와 거리를 두고, 또 한편으로는 기꺼이 교회의 일을 함께 결정하기 원했던 온건한 개혁파가 있었다. 그 결과 공무와 관계없는 교회회의들에 정치 위원들이 참여하게 되었다. 새로운 지배에 대한 두려움이 교회에 깊게 뿌리 내리게 되었고, 결국 교회가 하고자 하는 대부분의 일에서 정부와 거리를 두도록 했다. 교회는 계속하여 가톨릭 예배의 금지를 촉구하였다. 정부는 이 청원들을 헐겁게 받아들여서 후에는 미사들이 방해 없이 진행되었다. 암스테르담에서는 이미 이 시기에 19개의 저택으로 위장한 가톨릭교회 미사가 거행되었다. 숨겨진 교회(schuilkerken)라는 이름은 실제 드러난 모습보다 더 불법적일 것이라는 추측을 하게 한다. 개혁파 국가의 이상은 다양한 모양의 많은 신앙고백이 있는 사회상과는 부합하지 않는다. 그러므로 목사가 국가에 큰 도덕적 타락이 발생하고 있다고 설교하고, 교회의 구성원들은 그런 다양한 죄에 책임이 있다고 일깨우는 것은 이해할 만하다. 교회의 심방이나 시민의 법적 행위에 대한 다른 기록들을 근거로 볼 때, 이런 타락상의 거리는 실제로 그렇게 멀지 않은 것으로 보인다. 그 밖의 국가는 규범들과 가치를 고려하는 데서 어떤 예외도 두지 않았다. 유럽에서 16세기 말과 17세기 초까지 결혼과 가족과 성 문제에 대한 도덕적 우려는 일반적인 현상이었다. 개혁파 종교가 큰 발언권을 갖지 못한 나라에서도 국가의 편에서 도덕적 개선을 위해 큰 노력을 기울였다. 한편 이 사회의 규율은 분명한 방식으로 치리와 병행되었다. 개혁파와 루터파와 재세례파 교회에서 실행되었던 치리였다.

개혁파 교회가 수적으로 우세하다고 말할 수는 없다. 교인의 수는 오랜 동안 적었다. 로테르담을 예로 들면 1585년 7,500명 거주자가 있었고 그 중 500명이 신앙을 고백하는 교회의 구성원이었다. 적은 교인의 수를 두고 다양한 원인들이 언급될 수 있다. 많은 이들에게 이 새로운 믿음의 형태는 불편했다. 예식에 많은 변화가 있었기 때문이다. 게다가 도시를 제외하고는 변화를 향한 큰 열정이 없었다. 농촌에서 사람들은 교회개혁에 적극적으로 참여하기보다 오히려 버티는 편이었다. 개혁이 이뤄진 곳에서도 실제로는 다수의 가톨릭 관습이 더 중요하게 여겨졌다. 교인이 되는 일에서 주목할 만한 장애물은 교회의 치리였다. 개혁파 교회의 회원이 되는 것은 의식적인 선택이었다. 이 선택은 스스로 교회회의 치리 아래 들어가는 것으로서 매우 성실한 삶이 의무로 지워졌다. 교회의 회원이 되는 것은 거룩한 성찬에 참여하는 것을 전제로 하였다. 교회의 치리는 교회 대표가 회원에게 성찬의 참여를 허락하지 않을 수 있다는 것을 예상하게 하였다. 실제로는 교회 치리가 이론보다 덜 엄격하게 이루어졌다. 그러나 교회의 치리가 사람들에게 회원이 되는 것을 망설이게 하도록 만들었다. 그 결과 교회의 지도자들 가운데 소위 '개혁파 종교의 친구들'이라는 모임이 생겨났다. 그들은 개혁파 개신교를 내적으로 받아들여서 정기적으로 예배에 참석하지만 구속되기를 원하지 않았다. 그래서 그들이 성찬에서 제외되었을 때에 이를 그들의 태도에 대한 값으로 받아들였다. 처음에는 개혁파 교회의 회원이 국민의 10-15퍼센트를 넘지 않았지만, 이 숫자는 200년의 세월 동안 최고 약 50퍼센트까지 올라가게 되었다.

이론적으로 공무원은 개혁파 교회에 속한 회원이거나 적어도 '개혁파 종교의 친구들' 그룹에 속하도록 하는 것이 당시 상황에서 자주 강요되었다. 그러나 실제로는 다른 이들, 심지어 가톨릭 사람들도 허락되었다. 휴고 흐로티우스(Hugo Grotius)는 그것을 인상적으로 표현했다. "목사는 칼빈에게 더 이끌려 하고, 세상 지도자들은 에라스무스에게 이끌려고 한다."

VIII. 교회 건물을 새롭게 꾸미기

　알려진 대로 종교개혁은 교회 건물 장식에 큰 영향을 주었다. 네덜란드에서 기존 교회들은 그리스도, 마리아, 성인을 그린 상들을 제거하였다. 벽화는 하얗게 칠해졌고, 가톨릭에서 설치해 놓았던 과거 기념물들은 치워졌다. 하이델베르크 요리문답 제35주일 내용에서 하나님은 물론 인간들도 그려져서는 안 된다고 가르쳤다. 왜냐하면 그림을 경배하는 목적으로 사용하기 때문이다. 그리고 요리문답은 가르치기를, 신자들은 말 못하는 그림들이 아니라 살아있는 말씀의 선포로 교훈되어야 한다고 했다. 그래서 교회당들은 모든 관심이 오로지 말씀에 갈 수 있도록 꾸며졌다. 제단은 자주 풍성하게 장식되는 설교단으로 대체되었다. 변화된 세례의 관점은 세례대 위치의 변화로 분명해졌다. 세례대는 더 이상 구별된 세례 예배당에 있지 않았고, 대부분의 교회 건물처럼 입구에 있지도 않았다. 세례는 더 이상 독립적인 성례가 아니요 또한 교회에 들어오는 문으로 인식되지도 않았다. 세례 받는 아이는 이미 언약 안에 있기에 교회에 속했다고 생각했다. 세례는 그 사실을 드러내는 표와 인증으로 여겼다. 그렇게 세례대는 설교단 가까이에 위치하였다. 세례가 약속의 말씀의 표와 인증이라는 것을 가리키도록 하였던 것이다.
　교회의 내부 장식은 소박하고 단순하였다. 소박함은 그저 그림을 없앴다는 사실만이 아니라 가난이 심한 사회에서 교회의 건물이 값비싼 장식품으로 채워져서는 안 된다는 견해로 이어졌다. 교회는 그 돈을 가난한 자들을 위하여 쓸 수 있었다.

벽에는 다만 칠판이 걸렸고, 거기에는 찬송으로 부를 수 있는 시편들이 적혔다. 많은 교회에 추가로 십계명 벽칠판이 걸렸다. 기독교인의 삶을 위한 지침들을 지속적으로 자신 앞에 두도록 하였던 것이다. 그 외에 더 걸린 칠판은 신구약의 일치에 대한 전형적인 개혁파 견해를 상징한 것이었다.

오르간을 없애자는 의견이 많았지만 대부분의 교회에 남아서 보존되었다. 하지만 오르간은 17세기까지 사용되지 않았다. 오르간 연주 소리는 들은 말씀에서 멀리 벗어나게 할 수도 있고, 예배와 관계없는 음악 연주로 자극될 수도 있었기 때문이다.

IX. 교회의 치리

네덜란드에서 개혁파 교회는 사실 특권이 있는 교회였지만 다른 유럽 국가의 교회들처럼 국가교회는 아니었다. 따라서 치리 시행의 목적은 자연스레 사회질서의 보호보다는 교회 공동체와 교회 구성원에게 믿음을 가르치고 정결을 유지하게 하려는 것이었다. 사회에서 유지할 상호의 평화보다는 하나님과의 화해에 더 관심을 기울였다. 물론 교회가 사회의 평화에도 큰 가치를 둔 것은 사실이다. 교회의 치리와 세상의 재판을 분리한 결과, 교회 대표가 부과한 수찬 정지라는 사실은 시민들에게 직접적인 결과를 만들지는 않았다. 교회도 역시 법정에 갈만한 문제들을 적게 다루게 되었다. 정확한 사례를 확인하지 않더라도 출교는 매우 드물게 나왔다. 하지만 규례에 따라 교인들에게 성찬은 금지되었다. 대부분 술 취하는 일과 폭행 같은 잘못된 행동 때문이었다. 직임을 맡은 자들에 대한 치리 조치에서는 삶의 문제보다 교리에 대한 것이 더 많았다. 그릇된 견해들이 교회에 더 위협적이라고 생각했기 때문이다. 교회는 행위로 인한 죄보다 잘못된 교리에 더 단호하게 대처하였다.

 하지만 교회의 치리는 처벌 조치를 위해 시행하지 않았다. 오히려 신자들이 좋게 변해서 하나님을 위해 살도록 하려는 것이었다. 이를 장려하기 위해 장로들은 교인들을 규칙적으로 심방했다. 심방은 사실 고해의 대체물이었다. 대화 가운데서 하나님과의 관계에서 버려야 할 죄가 있는지, 다른 장애물이 있는지 물어서 성찬을 베푸는 것이 가능한지를 알아보았다. 심방은 그렇게 죄를 의논하고 고백할 기회였다. 그런 때에 심방은 경고보다는 위로의 성격을 띤다. 고해와 달리 교회는 심방을 통해 신자들에게 나아간다.

교회의 치리가 개혁파는 물론 재세례파에게서도 적용됨으로써 사회에 확대되는 규범화에도 공헌하였다. 규범과 가치를 준수하는 것을 돕는 조치를 통해 국가의 일에도 함께 참여하였다. 물론 이런 안전대책은 종교적인 일이 아니라 정치적이며 경제적인 고려에서 나온 것이었다.

X. 요약

네덜란드에서 로마가톨릭과 개신교회의 교리적 분리는 칼빈주의적 자유 운동과 가톨릭이 지배하는 외부적 정치 상황이 긴밀하게 연결되어 있다. 그 결과 교회를 일치시키려는 노력은 의미가 없었다. 스페인과 가톨릭은 많은 이들에게 동의어였기 때문이다. 칼빈주의가 끼친 문화적 영향은 분명하다. 그러나 거기에는 한계 또한 뚜렷하다. 칼빈주의 교회가 특권을 가진 교회이기는 했지만, 그렇다고 국가 교회는 아니었기 때문이다.

HERMAN J. SELDERHUIS

07

도르트 총회의 역사와 신학

I. 도르트 총회의 중요성

　도르트 총회와 총회의 결정이 국제적 칼빈주의 발전에 결정적인 영향을 끼친 것은 비단 그것이 최초의, 그리고 역사상 유일한 개혁파의 국제적 총회라는 사실 때문만은 아니다. 도르트 신경을 수용하는 것은 곧 하나님의 주권과 인간의 자유 선택에 관해 개혁파 안에서 수십 년간 진행된 논의에 종지부를 찍는 것을 의미했다. 이 핵심 주제에 관한 개혁파의 교리야말로 오직 성경을 따라 그 주제를 다루는 유일한 방식이라고 규정한 곳이 바로 도르트였다. 이것은 도르트가 오고 오는 세대에 그들의 신앙고백적 기초와 표준으로서 도르트 신경을 수용하는 세계의 개혁교회들을 연합시키는 구심점이 되었음을 의미한다. 도르트 신경의 신앙고백적 지위는 루터파의 일치신조(Book of Concord)와 유사하다. 이후 세기부터 개혁파가 된다는 것의 핵심에는 도르트 신경에 대해 어떤 입장을 취하는지의 여부가 자리 잡았다. 이는 다음 사실에서 분명히 드러난다.

즉 [네덜란드에서는] 모든 새로운 목회자와 교수 그리고 장로나 집사들은 벨직 신앙고백서와 하이델베르크 요리문답, 그리고 도르트 신경에 동의한다는 서명을 의무적으로 하도록 요구받았다.

도르트 총회와 총회에 관한 문헌들의 주된 관심사는 예정론 논쟁이다. 그러나 예정론뿐만 아니라 다른 주제들에 관한 결정 또한 매우 중요하고 영향력이 있었다. 예를 들어, 도르트는 교회정치와 관련해서도 중요하다. 소위 "도르트 교회법"(Dordtse kerkorde)의 수용과 더불어 교회와 국가의 책임이 명확하게 규정되었다. 이제 교회는 자유롭게 목사를 초빙하고 치리를 행사할 수 있게 되었다.

물론 다음의 사실도 언급되어야 할 것이다. 총회가 끝나고 전국과 지역 단위에서 정부는 [교회에 자율성을 주는] 총회의 결정을 쉽게 수용할 수 없었다. 그러나 도르트의 교회법은 이후 수세기 동안 네덜란드와 국제 개혁교회의 교회정치의 규범으로 남았다. 또한 오늘날까지 많은 교회들에서, 비록 사정에 따라 적응된 형태를 취하긴 하지만, 이 지위를 지키고 있다. 더욱 오래 지속된 중요한 결정으로는 정부에서 새로운 성경 번역을 하기로 한 결정이다. 이것은 1637년 국가번역본(Statenvertaling)으로 출판되었다. 이 번역은 수세기 동안 개혁파의 영성을 형성했을 뿐만 아니라 네덜란드어의 발전에도 커다란 영향을 미쳤다.

II. 역사적 배경

　도르트 총회와 "도르트 신경"으로 알려진 교리적 문헌은 한편으로는 하나님의 주권과 인간의 책임에 관해 지난 50년 간 지속된 국제적 논쟁으로부터 기원했다. 다른 한편으로는 네덜란드 안에서 점차 증대되는 정치적 신학적 긴장 속에서 비롯되었다고 할 수 있다. 국제적 논쟁은 자유의지에 관한 루터와 에라스무스 사이의 논쟁으로 거슬러 올라간다. 더 과거로는 아우구스티누스와 펠라기우스 사이의 싸움으로, 더욱 올라가면 성경 자체에서 기원한다. 특히 이스라엘의 선택을 논하는 로마서 9-11장의 논의이다. 개혁주의 전통으로는 칼빈의 견해가 결정적인 역할을 감당해 왔다. 그의 『기독교강요』에서 칼빈은 예정교리를 조직신학적으로 정리해서 제시한다. 주로 성경구절을 검토하는 방식을 사용한다. 그런데 칼빈의 설교와 주석에서는 예정교리가 거의 등장하지 않는다.

　시간이 흐르면서 예정론에 관한 논쟁은 특히 다음의 문제에 의해 더욱 확대되었다. 곧 칼빈주의 혹은 개혁파의 선택론과 성만찬론이 1555년 아우구스부르크 종교화의가 보장하는 보호를 그들에게까지 적용하는 것을 실제로 불가능하게 만드는 것인가 아닌가에 관한 문제이다. 루터파는 바로 이 점에서 개혁파를 공격했다. 곧 개혁파가 하나님을 죄의 저자로 만들 뿐만 아니라 일종의 독재자로 만들었다는 것이다. 이와 대조적으로 1583-1622년 사이의 하이델베르크 대학교 신학자들은 선택에 관한 개혁파의 시각이 루터가 그의 노예의지론(*De servo arbitrio*) 등에서 기술한 바나 1530년 아우구스부르크 신앙고백서의 입장으로부터 벗어난 것이 아니라고 주장했다. 그들의 관점에서 보면 이 주제에 대한 루터와 칼빈의 견해는 동일하다.

칼빈의 후계자인 데오도르 베자가 취한 입장에서도 그 핵심은 달라진 것이 전혀 없다. 물론 베자가 스콜라적인 방법을 활용한 것에 대해 의문을 제기할 수도 있다.[1] 그러나 베자의 학생인 야코부스 아르미니우스는 다음과 같이 생각했다. 베자도 칼빈도 모두 하나님의 공의는 물론 인간의 책임을 훼손시켰다고 말이다. 이러한 그의 관점은 예정에 관한 논쟁 안에서 일종의 촉진제 역할을 했다.

III. 호마루스와 아르미니우스

첫 번째로 출판된 도르트 총회 회의록의 서론은 16세기 말

---

[1] 다음 논문을 보라. Donald Sinnema, "Beza's View of Predestination in Historical Perspective," in I. Backus, *Theodore de Beze* (Droz, 2007), 219-239.

에 있었던 논쟁, 곧 카스파 쿨하스(Caspar Coolhaes), 헤르만 헤르베츠(Herman Herbertsz), 코르넬리스 위허르츠(Cornelis Wiggertsz)를 네덜란드에서 진행된 갈등의 출발점으로 기록한다. 그러나 예정을 둘러싼 갈등이 전국적 이슈로 폭발한 것은 17세기 초의 일이다. 이것은 당대에 동시적으로 진행된 교회-정치적 논쟁의 정황 속에서 일어났는데, 다음의 사안들에 관한 논쟁이었다. 곧 교회 안의 일에 대한 정부의 역할과 교회의 신앙고백(벨직 신앙고백서와 하이델베르크 요리문답)이 행사하는 구속력에 관한 논쟁이다. 이 두 가지 논쟁 사이에는 분명한 연관관계가 존재한다. 왜냐하면 신앙고백서들의 내용과 구속력에 대해 비판적인 입장을 취한 자들이 또한 교회 사안에 대한 정부의 권력행사를 지지했기 때문이었다. 이러한 이유로 인해 이들은 "정치당원"으로 불렸고 이는 "교회당원"에 대립되는 개념이었다.

하나님의 선택에 대한 논쟁이 공공의 이슈로 떠오르게 된 것은 1604년 레이든 대학의 두 신학교수 프란시스쿠스 호마루스(1563-1641)와 야코부스 아르미니우스(1559-1609) 사이에 벌어진 논쟁을 계기로 삼아 일어났다. 아르미니우스는 일찍이 암스테르담 목회 시절부터 설교 등을 통해 중생은 인간의 동의 없이 일어나지 않는다고 주장한 바 있다.[2] 1591년부터 이

---

2) 아르미니우스의 견해에 대해서는 다음을 참조하라. William den Boer, *God's Twofold Love. The Theology of Jacob Arminius (1559-1609)*, Göttingen, 2010; Th. Marius van Leeuwen, Keith D. Stanglin and Marijke Tolsma,

러한 아르미니우스의 입장은 그의 동료였던 페트루스 플란키우스 목사에 의해 도전을 받아 논쟁거리가 되었다. 아르미니우스는 1603년 레이든 대학 교수로 임용된 후 동료 교수 호마루스와의 치열한 논쟁에 휘말리게 되었다. 호마루스는 하나님께서 "앞으로 창조될" 인간을 선택하거나 유기하신다고 진술한 바 있었다. 아르미니우스에게 하나님의 선택 작정의 대상은 믿음을 가질 것을 하나님께서 예지한 자들이다. 반면에 호마루스에게 선택 작정의 대상은 앞으로 창조될 것이고, 타락할 것이고, 구원받을 대상으로서의 인간이었다. 아르미니우스는 호마루스가 그와 같이 진술함으로써 하나님을 죄의 저자로 만든다고 비판했다. 반면에 아르미니우스 자신은 하나님을 인간에 의존하도록 만든다는 비판을 받았다.

호마루스의 견해는 소위 "타락전 선택설"로 불릴 수 있다. 하나님의 선택의 대상은 아직 타락 이전의 인간이다. 즉 하나님은 타락 이전에 이미 어떤 이들을 선택하시고 다른 이들을 거절하셨다는 의미이다. 그런데 아르미니우스를 반대한 이들 가운데 다수는 역시 "타락후 선택설"의 입장을 취했다. 곧 하나님의 선택은 죄로 타락한 인간의 상태를 전제한다는 시각이다. 또한 호마루스 편에 섰던 사람들 가운데 많은 이들 역시 이 입장[타락후 선택설]을 지지했다. 결국 핵심 쟁점이 "타

---

eds., *Arminius, Arminianism, and Europe. Jacobus Arminius (1559/60-1609)*, (Leiden-Boston, 2009).

락전"이냐 아니면 "타락후" 선택설이냐가 아님을 의미한다. 그 대신, 하나님은 그가 선택하시고 선택한 자에게 믿음을 주시는 것인가? 아니면, 하나님은 앞으로 누가 그리스도를 믿을 것인가를 예지하시고 그들을 선택하시는 것인가의 문제가 쟁점이었던 것이다.

도르트 신경은 타락후 선택설의 술어를 따라 기초되었다. 물론 신경은 타락전 선택설의 시각을 결코 배제하지 않았다. 예정론이라는 주제가 [우리의 삶과 폭넓게] 맺는 연관성으로 인해 이 논쟁은 비단 학문적이거나 정치적인 데 머무르지 않고 사회 전반에 더 폭넓게 스며들었다. 예를 들어 예정론은 신앙의 확신 문제, 그리고 영아 때 사망한 아이들의 운명과 직접 관련을 맺었다. 특히 영아 사망 사안은 당시 사람들의 삶과 직결되는 문제였다. 아르미니우스와 호마루스 각자가 가진 이견은 이 문제에 관한 각각의 함의를 가지고 있었다.

한편 다음의 사실을 기억하는 것 역시 중요한다. 즉 네덜란드가 아직 스페인을 상대로 전쟁을 치르고 있을 때, 넓게 확산된 논쟁이 네덜란드 안에서 분열을 조장하였다는 사실이다. 아르미니우스와 그의 추종자들은 교회와 국가의 관계성에 대한 그들의 확신에 따라 정부(의회)에 지속적으로 요청하길 전국적 총회를 개최하여 이 문제를 해결해 달라고 하였다. 1607년 헤이그에서 회합이 있었다. 각 지역 대회에서 파송된 대표들이 총회 개최를 위해 준비했다. 그러나 실제적인 이견 차이가 상당하다는 사실이 분명해졌을 때, 의회는 -홀랜드 의회의 압력을 받고- 총회 개최를 거절하게 된다. 서로 대립하는 두 진영을 화합시키기 위한 교회와 국가 양측의 노력은 -출판금지 혹은 다른 방식을 통해- 별다른 성과를 거두지 못하고 논쟁을 종결시키는 데 실패하고 말았다. 심지어 아르미니우스가 사망한 1609년 10월 19일 이후로도 논쟁은 지속되었다.

IV. 항론파

아르미니우스가 사망한 지 3개월이 지났을 때, 요하네스 위텐보가르트(1557-1644)가 이끄는 아르미니우스의 추종자 43명은 헤이그에 결집하였다. 이들은 주로 아르미니우스의 저작들로부터 인용하여 작성한 다섯 개의 조항을 출판했다. 이 문서는 "항의서"(Remonstrance)로 명명되었다. 또한 서로 대립하는 두 그룹, 즉 "항론파"와 "반항론파"라는 이름이 형성되는 배경을 제공했다. 항론파는 벨직 신앙고백서와 하이델베르크 요리문답의 수정을 요구했다. 왜냐하면 그들이 보기에 이들 문서는 항론서의 쟁점과 충돌하는 부분을 포함하고 있었기 때문이다. 아울러 중요한 이슈는 이들 문서에 대해 설교자, 장로, 집사들이 의무적으로 동의하도록 요구하는 문제였다. 이를 수정하기 위해 그들은 정부 주도하에 전국적 총회를 소집할 것을 요구했다. 정형화된 양식을 따라 1610년에 항론파는 반항론파의 견해를 최초로 보고했다. 그러나 지나치게 과장된 형식을 취했기 때문에 반항론파는 그것을 자신들의 견해라고 인정하지 않았다. 일례로, 유기에 관해 그 보고서는 반항론파가 믿음과 불신앙을 각각 선택과 유기의 열매라고 주장한다고 말했다. 그러나 실상 반항론파는 유기가 선택과 동일한 방식으로 일어난다고 진술한 바가 없다. 항론서는 항론파 자신의 입장을 다음 다섯 개의 논점으로 진술했다.

① 하나님은 믿을 자들을 예지하시고 이들을 선택하신다.
② 그리스도는 모든 이를 위해 돌아가셨다.
③ 믿음은 사람 자신으로부터가 아니라 그리스도로부터 기원한다.
④ 은혜에 대해 저항할 수 있다.
⑤ 믿음이 상실될 수 있는가의 여부를 결정하기 위해 추가적인 성경연구가 필요하다.

항론파의 다섯 개 조항은 이후 10년 동안 전개된 교리 논쟁의 핵심이 되었다. 종국적으로는 이 다섯 개 조항이 도르트 신경의 구조를 결정했다. 따라서 도르트 신경의 구조는 총회에 의한 것이 아니고 심지어 반항론파에 의해 고안된 것도 아니다. 그것은 항론서에 대한 응답으로서 항론파가 애초에 만들어낸 문헌에서 비롯되었다.

1610년 6월, 항론서는 홀란드와 웨스트 프리슬란트 의회에 제출되었다. 당시 이 지역은 요한 판 올덴바르네펠트 총리의 영향력 아래 있었다. 올덴바르네펠트는 이 항론서를 수용하기로 결정했다. 그것을 일종의 구속력 있는 문헌으로 삼아 분쟁을 종결지으려 한 것이었다. 그런데 오히려 이러한 결정이 일으킨 불안 요소로 인해 의회는 회합을 소집하기로 결정했다. 항론서를 주창하는 그룹과 반대하는 그룹으로부터 각각 6명의 대표를 소집하는 회의였다.

헤이그 회의(문서 회의)는 1611년 5월 11-20일 사이에 개최되었으나 의도대로 합의를 도출하지 못했다. 그러나 각 진영은 상대방의 입장을 이해하는 데서 진일보했으며, 이를 계기로 각각은 자신의 견해를 더욱 정확하게 작성하게 되었다. 회의 기간 중 반항론파는 "반항론서"를 제출하였다. 여기서 그들은 다섯 개의 논쟁점에 대한 자신들의 견해를 제시했을 뿐만 아니라 교의에 관한 결정권은 정부가 아닌 교회가 행사해야 한다고 주장했다. 어떻게든 논쟁을 잠재우기 위해 1611년 의회는 결의서를 발표했다. 의회는 목회자 후보생에게 "항의서" 조항 이상의 것을 질문하지 말 것을 요구했다. 이는 사실상 정치 지도부가 항론파의 입장을 편들어 준 것이기 때문에 이 결의안은 평화를 불러오기보다 더욱 큰 불안을 조장하게 되었다.

항론파를 이끈 신학자 요하네스 위텐보가르트가 독일 슈타인푸르트의 교수였던 콘라드 보르스티우스(1569-1622)를 아르미니우스의 후계자로서 레이든 대학 교수로 지목한 이후로 논쟁은 지속되었다. 1611년 5월 보르스티우스가 교수 사역을 시작한 이후에 그의 임명에 대한 항의로 호마루스는 교수직을 사임하고 미들버그의 목사가 되었다. 이후 1618년 그는 흐로닝엔 대학교의 교수가 될 터인데, 그 사이 1612년 영국 제임스 1세(1566-1625) 국왕이 보르스티우스 신학을 비판했다. 제임스는 자신을-실제로 많은 이들의 시각이기도 했다-유럽 개신교의 지도자로 생각했다. 제임스는 보르스티우스의 책 『하나님에 관하여』에 이의를 제기함으로 이 논의에 뛰어들었다. 그 결과 보르스티우스는 강제로 사임하게 되었고, 하우다(Gouda)로 이주했다. 레이든 대학의 빈 자리는 요하네스 폴리안더가 호마루스의 자리를, 시몬 에피스코피우스는 보르스티우스 자리를 각각 계승함으로 채워졌다.

수십 년간 교회는 정부에게 전국적 총회를 소집해 줄 것을 끊임없이 요구했다. 그러나 이러한 요구는 별다른 성과가 없었다. 1571년 엠덴 총회에서 개혁교회는 2년마다 총회를 개최할 것을 결의한 바 있다.[3] 그러나 네덜란드의 정치 상황이

---

3) 이에 대한 네덜란드어 원문은 다음과 같다. *Acta Emden 1571, Art.9*: 'Voor-

이 결정 실행을 불가능하게 만들었다. 스페인 통치자들이 모든 가능한 수단을 동원하여 개신교를 억압하는 조치를 취한 상황에서 그럴 수밖에 없었다. 1574년 도르트에서 (비록 전국적 총회가 아닌) 특정한 지역의-곧 남부 홀란드- 총회가 개최되었지만, 최초의 공식적인 네덜란드 전국 총회는 1578년 도르트에서 개최되었다. 이 (1578년 도르트) 총회에서 3년마다 전국 총회를 개최할 것이 결의되었다.[4] 이에 따라 1581년 전국 총회가 미들버그에서 개최되었다. 그런데 그 다음 전국 총회가 개최된 것은 5년 후 1586년 헤이그 총회였다. 헤이그 총회 이후 30년 이상이 지난 후에야 또 다른 전국 총회가 개최되었고 이것이 바로 1618/19년 도르트 총회였다.

1590년 이후로 교회들은 의회에게 총회 소집을 허락해 달라고 빈번하게 청원해왔다. 마침내 1606년 총회 소집을 위한 위원회가 결성되어 총회 개최와 총회의 안건을 준비하는 것이 허락되었다. 홀란드와 제란트 의회는 벨직 신앙고백서와 하이델베르크 요리문답, 교회법을 수정하는 것을 안건에 포함시킬 것을 요구했다. 총회의 안건으로서 이러한 의제들을 두고 교회와 의회 사이에 합의가 도출될 수는 없었다. 결국 의회는 앞

---

der salmen alle twee jaren eens, een alghemeyne versamelinghe aller Nederlantsche Kercken houden.' F. L. Rutgers, ed., *Acta van de Nederlandse Synoden der Zestiende Eeuw*, 2nded. (Dordrecht: J.P.van den Tol,1980), 59.

4) *Acta Dordrecht 1578, Art. 45*: 'De generale ofte nationale Synodus sal ordinarelick alle dry iaren ghehouden worden, dogh alsoo datse in dien de noot sulckes eyscht eer mach te samen gheroepen worden.', Rutgers, *Acta*, 245.

으로 전국 총회는 물론 특정 지역 총회도 더 이상 개최하지 않을 것이라고 결정했다.

이런 상황 속에서 반항론파는 여러 힘들을 규합하기 시작했다. 그리고 1615년 이래 비밀총회를 개최하였다.[5] 의회는 전국 총회에 진정한 관심이 없었다. 왜냐하면 전국 총회에 의해 평화가 회복된다고 기대할 수 없었기 때문이었다. 게다가 전국 총회라는 개념은 개별 주들 안에서 그간 정성 들여 가꿔 온 개별 주들의 독립성 욕구와 충돌했다. 교회 안에서 투쟁하던 두 당파, 곧 항론파와 반항론파의 상황은 교회적·정치적인 입장이 점차 엉켜버린 사실로 인해 갈등이 더욱 증폭됨에 따라 뒤바뀌게 되었다.

반항론파들은 여러 장소에서 자신들의 예배를 따로 드렸다. 정치적 다수가 항론파인 지역에서 그들의 이러한 행동은 제재를 받게 되었다. 한편 전국적 단위에서는 올덴바르네펠트 정권에 대한 의구심이 증폭되었다. 그 정권이 스페인에 대한 반란을 충분히 지지하지 않는 것으로 보였기 때문이다. 많은 이들의 눈에는 올덴바르네펠트가 일종의 잠재적인 반역자로 비춰어졌다. 그의 대표적인 정적(政敵)은 -비록 오랜 기간 정치적 연정을 맺은 사이이긴 했지만- 바로 오렌지의 윌리엄의 아들 마우리츠 공(Prince Maurice)이었다. 항론파가 스페인

---

5) A. Th. Van Deursen, *Bavianen en Slijkgeuzen: Kerk en Kerkvolk ten Tijde van Maurits en Oldenbarnevelt* (Assen: Van Gorcum, 1974), 265.

에 대해 충분히 저항하지 않는 한편, "반항론파"는 독립된 국가에서 독립된 교회의 지위를 얻는 것을 주요 목적으로 반란을 지지하는 것으로 인식되었다. 이러한 상황에서 마우리츠는 1617년 7월 23일, 헤이그의 반항론파 예배에 출석했다. 이로써 그는 항론파는 물론 결국 "정치당"을 반대하는 쪽을 선택했다는 사실을 분명히 했다.

마우리츠는 항론파와 주로 관계된 지역 폭동 사태에 군대를 파견하는 것을 거부했다. 하지만 올덴바르네펠트는 도시들이 소요 사태를 진압하기 위해 군대를 고용할 수 있도록 허락했다("가혹한 결의"). 그리고 암스테르담과 도르트 도시 등에서 청원한 전국 총회 소집을 거부했다. 마우리츠와 그의 당의 시각에서 볼 때 이는 홀란드가 독자적으로 독립을 선언하는 것으로서, 일종의 혁명적 행위였다.

한편 의회는 다른 여러 도시들이 행사한 압력 속에서 마침내 4대 3이란 근소한 표 차이로 전국 총회를 개최하기로 결정했다. 이후 1618년 11월 13일에 도르트 총회가 개최되었고, 1619년 5월까지 지속되었다.[6] 같은 기간, 마우리츠는 많은 지

---

6) 총회의 진행과정에 대한 개략적인 고찰에 대해서는 다음을 보라. Nicolas Fornerod, "Introduction," *Registres de la Compagnie des Pasteurs de Genève*, Tome XIV et dernier, Le synode de Dordrecht, (Genève, 2012), VII-CIII, 또한 다음을 보라. Donald Sinnema, "The Issue of Reprobation at the Synod of Dort (1618-1619) in Light of the History of this Doctrine" (Ph.D. diss., University of St. Michael's College, Toronto, 1985), chs. IV and V.

역에서 항론파 관료들을 반항론파로 교체하였다. 이러한 정책의 배경에는 마우리츠의 두려움이 작용하고 있었다. 만일 국가가 교회의 분쟁에 끼어들어 해결책을 강제한다면 결국 내전이 일어날 것이라고 두려워했다. 마침내 1619년 5월 13일, 올덴바르네펠트는 반역죄로 교수형에 처해졌다.

V. 총회 소집령, 개최 장소, 총회 참석자

의회에 의해 소집된 총회의 주된 목적은 교회 안에서 일어난 논쟁과 갈등을 제거하는 것이었다. 따라서 총회는 대립하는 두 진영 가운데 한 쪽을 파문시키는 것을 목표로 삼는 것이 아니라 교회 안의 평화 달성을 목표로 삼았다. 이는 또한 외국 대표들에게 그들의 교회와 통치자들이 부여한 사명이기도 했다. 여기서 말하는 평화란 칼빈주의자들 사이에서 "신앙고백적 일치"를 유지하는 것을 의미했다. 이러한 일치가 항론파의 신앙고백서 개정 요구로 인해 위기에 직면한 것으로 보였다. 한편 도르트 총회는 마우리츠의 정치적 승리를 신학적으로, 교회적으로 인정한 것이었다고 말할 수 있다. 물론 이 목적이 공식적인 문헌 자료에 규정되어 있지는 않았다.

1618년 6월 25일, 의회는 각 지역 대회와 다음의 수신인들에게 초청장을 발송했다. 영국 제임스 1세,[7] 프랑스 개혁교회, 팔츠의 선제후, 헤세 백작, 스위스의 개혁파 주(州)들이다. 이들에게 약 3-4명의 신학자를 대표로 파견해 줄 것을 요구했다. 초청장에는 항론파의 5개 조항이 첨부되었다. 각 지역 대회는 총회에서 논의할 안건(현의안 gravamina)을 제안하도록 요청받았다. 각 대회는 6명의 총대를 파송하도록 되어 있었는데 여섯 명의 총대에는 3-4명의 목회자를 포함하도록 했다. 이후에 의회는 다음 지역에 추가로 초청장을 발송했다. 브레멘 교회, 동(東)프리시아, 나사우-베터라우, 브란덴부르크, 제네바 등이다.

외국 대표를 초청한 이유는 쟁점이 된 주제의 중요성과 그것이 정치와 국제적 개혁주의에 미치는 결과의 중요성 때문만은 아니었다. 이와 유사한 논의가 당시 곧 16세기 말과 17세기 초에 캠브리지(1590년대)와 베른(1588년)뿐 아니라 하이델베르크와 팔츠 지역에서도 중요하게 진행되고 있었기 때문이었다. 의회는 다음과 같이 선언했다. '오직 하나님의 말씀이 결정적 표준이며, 각 대표는 하나님의 영광과 교회 안의 평화만을 위해 애쓸 것을 서약해야 한다.' 의회는 또한 각 지역이 두 명의 개혁파 인사를 정부 대표로 파송하여 총회를 조직하는

---

7) Milton, A., *The British Delegation and the Synod of Dort (1618-19)*, Church of England Record Society, Volume 13, (Woodbridge: Boydell Press, 2005), 30-31.

측면을 특별히 감독할 것을 요청했다.[8]

총회 장소는 도르트, 위트레흐트, 헤이그 가운데 한 곳을 정하도록 되어 있었다. 1617년 11월 20일, 도르트 도시가 결정되었다. 도르트는 개혁파의 도시로서 안전한 장소였다. 또한 이미 1574년과 1578년 두 번에 걸쳐 전국 총회가 개최되었던 장소이기도 했다. 회의 장소는 도시 중앙에 있는 클로베니스돌렌 건물이었다. 지역 경비대가 소집되어 훈련받는 장소였는데 경비대의 총기류('클로버스')를 보관하는 창고가 있었다. 총회의 모든 비용은 의회가 부담하게 되었다.

이 총회는 네덜란드의 "도르트 전국 총회"로 불렸지만 사실 국제적인 성격을 띠는 전국 총회였다. 개혁교회가 있는 해외의 8개 지역으로부터 온 26명의 외국대표들이 출석했다. 대영제국, 팔츠, 헤세, 스위스 주들, 나사우-베터라우, 제네바, 브레멘과 엠덴 등이다. 프랑스 대표는 루이 13세의 금령으로 인해 불참했고, 브란덴부르크 대표는 루터파의 반대로 참석하지 못했다. 9개의 지역 대회와 왈룬 교회가 파송한 35명 목회자와 18명 장로들이 총대로 참석했다. 모든 지역 대회가 다 6명의 대표를 보낼 수 있던 것은 아니었다.[9] 한편 네덜란드 대

---

8) 정부에서 파견한 대표에 관한 보다 자세한 정보에 대해서는 요한나 로우레빈크(Johanna Roelevink)가 편집한 정부 대표들의 『의사록』(*Handelingen*)의 서문을 보라.

9) 모든 참석자들의 전기를 포함하는 완벽한 명단에 대해서는 프레드 판 리에부르크(Fred van Lieburg)의 서론을 보라.

학들은 각 대학에서 한 명의 신학교수를 파송했다.[10] 그들은 교회의 대표로 간주되어 독립된 총대로서 투표권을 행사할 수 있었다.[11] 이들 신학 교수들은 다음과 같다. 레이든 대학의 요하네스 폴리안더, 프라네커 대학에서 온 시브란두스 루베르투스, 흐로닝엔 대학에서 온 프란시스쿠스 호마루스, 하르더베이크에서 온 안토니우스 타이시우스, 그리고 미들버그에서 온 안토니우스 왈레우스 등이다. 홀랜드 의회(States of Holland)는 시몬 에피스코피우스를 대표로 지명했으나 그는 참석을 거부했다. 이후 그는 다른 항론파와 더불어 총회에 소환되었다. 의회는 18명의 대표를 파견했고 그들의 서기는 다니엘 하인시우스였다. 종합하면, 교회 측으로부터 총 19명의 그룹 대표가 총회에 참석했다. 하나의 교수진 대표, 10명의 네덜란드 교회 대표단-이들은 각각의 지역 대회와 왈룬 교회를 대표했다-그리고 8명의 해외 대표단으로 구성되었다. 좌석 배치는 파우웰스 베잇츠(Pouwels Weyts)의 유명한 그림이 보여주는데, 외국 대표와 네덜란드 대표들의 좌석은 정치적인 지위에 따라 배치되었다. 평소 의회 안에서 지켜지던 순서를 따른 것이었다.

---

10) 이들이 참석할 수 있는 근거는 1578년 도르트 교회법 제52조항에 근거한다. 그 원문은 다음과 같다. 'Soo de Classe ofte Synode in de plaetse daer de vniuersiteyt is te samen koemt, sullen de Professores der Theologie mede by koemen der welcker een wt der name der anderer stemme hebben sal.' Rutgers, Acta, 247.

11) H.H.Kuyper, *Post-Acta*, 104.

VI. 회의 절차

총회가 소집된 시간은 주로 매일 오전 9시, 오후에는 주로 4시나 6시였다. 주중 월요일부터 금요일까지 이 시간에 모였고 가끔씩 토요일에도 회집되었다.[12] 초기에는 회의들이 대중에게 개방되었다. 여자와 젊은이들을 포함하여 일반 방청객이 많이 참여했다. 민감한 사안을 다룰 때에는 회의가 대표들만으로 구성된 비공개 회의로 진행되었다. 특히 항론파가 축출된 이후에는 많은 회의들이 비공개로 진행되었다. 중심회기 후(Post-Acta) 회기[13]는 모두 비공개로 진행되었다. 전체회의 사이에 각 대표들은 각각 별도 회의로 모여 다음날 논의될 주제들에 대한 판단서(iudicium)를 작성했다.

판단서는 대부분-특히 중요한 주제들에 대해서- 서면으로 작성하여 제출되었으나 종종 구두로 보고되기도 했다. 19개 대표그룹이 참여하고 있었기 때문에 이것은 곧 본회의에서 각 대표단이 작성한 동일한 수효 곧 19개의 판단서가 제출되어 읽혀지고 토론되었음을 의미한다. 발표순서는 좌석배치 순서와 마찬가지로 서열에 따라 정해졌다. 이는 곧 영국 대표가 늘 첫 번째 순서를 맡았음을 의미했다. 외국 대표들을 위해서 라틴어가 말과 글의 공용어가 되었다. 회의임원[진행관]들은

---

12) 보다 상세한 회의 진행에 대해서는 다음을 보라. Kaajan, *Pro-Acta*, 42-56.
13) 외국 대표가 떠난 이후, 1619년 5월에 계속하여 개최된 회기들이 존재한다.

판단서들을 수집해서 하나의 판단서로 작성하여 총회에 제출하고 표결에 부쳤다. 물론 몇몇 경우는 표결 없이 채택되기도 했다. 그룹 내에서 만장일치에 이르면 표결은 개인이 아닌 대표 그룹 단위로 이루어졌다.

때로는 특별사안을 위해 특별위원회가 임명되기도 했다. 일례로 도르트 신경 초안 작성을 위한 특별위원회, 캄펜의 항론파 목회자 4명을 치리하는 문제를 다루기 위한 특별위원회, 의회(정부)에 보고를 담당하는 위원회 등이 있었다. 도르트 신경 초안 작성 특위가 소집되는 3주 동안 (1619년 3월-4월) 공적인 회의가 없이 특위가 신조 초안 작성 임무를 끝내기까지 기다렸다. 이 기간에 특별위원회는 도르트 신경의 초안을 작성했고, 그 후에 각 대표들이 소집되었다. 각 대표 그룹은 특별위원회에서 작성한 초안을 토대로 수정 제안서를 작성하여 제출했다. 제출된 수정안을 반영하여 특위는 다시 수정안을 작성했다. 특위가 전체회의 때 제출할 최종안이 마련되기까지 이 수정 과정은 수차례 반복되었다. 전체회의용 수정안을 위해 본회의가 소집되어 몇 차례 수정을 더한 후에 신경의 최종안을 승인하였다.

VII. 시기별로 본 총회

총회가 개회되고 나서 폐회할 때까지 네 시기로 구분할 수 있다.

1. 중심회기 전 회기(Pro-Acta Sessions)
: 1618년 11월 13일 ~ 12월 5일

총회 개회 하루 전, 도르트의 목사 리디우스(Lydius)와 뒤 푸르(Du Pours)는 각각 네덜란드 교회와 프랑스 교회에서 다가오는 달들과 주들을 예비하며 이 일과 이 일의 중요성을 소개하고 영적으로 준비하는 예배를 드렸다. 총회의 공식 개회는 1618년 11월 13일 화요일 오전 클로베니에르스돌렌에서 리디우스 목사의 설교와 기도로 시작되었다. 곧이어 의회 대표로 참석한 마르티누스 그레고리(Martinus Gregorii)의 연설이 이어졌다.

11월 14일 수요일, 회의 둘째 날, 각 대표단은 신임장을 제출했다. 이후 총회 회의 임원들(진행관들)이 선출되고 임명되었다. 리우바르텐의 목사 요하네스 보거만(Johannes Bogerman)이 의장이 되었다. 부의장으로는 암스테르담의 목사 야코부스 롤란두스(Jacobus Rolandus), 미들버그의 목사 헤르마누스 파우켈리우스(Hermannus Faukelius)가 선출되었다. 주트펜의 목사

세바스찬 담만(Sebastiaan Damman)과 페스투스 옴미우스(Festus Hommius)에게 서기의 임무가 주어졌다.

보거만 의장은 항론파의 5개조를 직접 다루는 것으로 시작했다. 그는 항론파 그룹 지도자들을 불러서 이 다섯 개 조항을 그들과 직접 논의할 것을 제안했다. 얼마간의 논쟁이 있은 후에 헤이그 회의(1611)의 대표자 6인과 양 지역을 대표하는 두 명의 대표를 총회로 부르기로 했다. 그러나 항론파가-사실상 이들은 초청이 아니라 소환된 것이다- 도착한 것은 3주 후였다. 그동안 다른 주제들이 먼저 다루어졌다.

이 가운데 중요한 주제로 대두된 것은 새로운 네덜란드어 성경번역의 필요성이었다. 이를 위해 번역위원회와 교정위원회가 임명되었다. 또한 외경의 지위에 대한 문제도 다루었다. 이 주제를 논의하기 위해 11월 19일부터 27일까지 일곱 차례의 회의가 진행되었고, 결과물로 네덜란드 국역본(Statenvertaling, 스타턴퍼탈링) 성경이 만들어지게 된다. 그것이 출판되어 알려진 것은 1637년이었다. 하이델베르크 요리문답을 설교하는 예배에 관해서 총회가 결의하여 매주일 오후에 실시하기로 했다. 매년 하이델베르크 요리문답 전체를 가르치기로 결정한 것이다. 교리교육 일반에 관한 결정도 있었다. 교리교육은 각 가정에서 부모에 의해, 학교에서는 교사에 의해, 교회에서는 목사와 장로에 의해 실시되어야 한다고 결의되었다. 교리교육 사안과 더불어 네덜란드 동인도 식민지에서 노예 어린이에게 베푸는 세례, 목회자 훈련, 그리고 서적 검열 등과 같은 주제들도 다루어졌다. 세례와 관련해서 어린이 노예들에게는 충분한 성경교육이 선행된 이후에 세례를 베풀어야 한다고 결의되었다. 검열에 관해서 총회는 국민들 사이에 논쟁과 다툼을 불러일으킬 수 있는 서적에 대한 검열은 정부가 담당해야 할 일이라고 결정했다. 이러한 주제들에 관한 논의들은 "(항론파가 도착하기 이전인) 중심회기 이전 총회의 회의록(Pro-Acta)"에 모두 기록되어 있다.

2. 항론파와의 논쟁 회기
: 1618년 12월 6일 ~ 1619년 1월 14일

1618년 12월 6일 목요일 오전, 제22번째 회의 때 소환된 열세 명의 항론파 인물들이 도착했다. 이 후로 총회에서는 항론파 문제가 주된 의제로 본격적으로 다루어졌다. 에피스코피우스가 항론파의 지도자 역할을 했다. 12월 7일 그는 연설을 했다. 연설 중 그는 총회에 모인 네덜란드 신학자들과 정부 대표들, 그리고 마우리츠 공을 강하게 비판했다. 권리와 지위에서 항론파에게 공평한 회의가 되게 할 것과 자신들을 다른 총대들과 동일하게 대우해 줄 것을 요구했다. 그러나 그들에게 공지된 것은 항론파는 총회 앞에서 자신들의 견해를 진술하기 위해 소환된 것이라는 사실뿐이었다.

1618년 12월 10일, 위트레흐트로부터 온 두 명의 항론파 대표가 합류하였다. 다음 날 항론파는 현[도르트] 총회를 당시 교회의 사안을 결정짓는 판단자로 인정하지 않겠다고 선언했다. 이런 상황에서 논의를 정상적으로 진행하는 것은 어려웠다. 특히 총회 앞에서 스스로를 변호해야 했던 항론파의 태도는 실제적인 주제토론을 사실상 불가능하게 만들었다. 항론파는 쟁점이 되는 의제들을 다루기 위해 애초에 정해진 순서를 바꾸어 유기론을 먼저 집중적으로 논의할 것을 제안하였다. 여기에는 나름의 의도가 있었다. 그들은 이 문제에 관해 총대들 사이에 이견이 있음을 잘 알고 있었다. 항론파는 특히 해외 대표들이 자신들의 입장을 지지해줄 것을 희망했다. 그리고 '타락전 선택설'의 입지를 "타락후 선택설"로부터 분리시켜 고립시키고자 의도했다. 그러나 그들은 이 두 가지 목표를 모두 성취하지 못했다. 아울러 그들은 총회를 비판하길 진정한 의미에서 토론은 애초부터 불가능하다고 했다. 항론파에 대한 의구심이 처음부터 전제되어 있는 상황 때문에 그렇다는 주장이다. 또한 총회는 토론을 위한 모임일 뿐 법적 결정권이 없음을 항론파는 지속적으로 주장했다.

이러한 어려움들로 인해 결국 의회는 다음과 같이 선언했다. 즉 항론파가 협조하지 않을 경우 항론파에 대한 검토는 오로지 그들의 저작물들을 통해서만 이루어질 것이다. 1619년 1월 14일, 마침내 보거만 의장은 감정에 호소하는 연설을 행한 후에 항론파를 향해 "여러분은 해산되었으니 지금 퇴장해 주시기 바랍니다"라고 말하며 총회로부터 항론파를 퇴출시켰다. 그들을 내쫓는 보거만 의장의 감정적인 억양을 모든 이들이 좋아한 것은 아니었다. 그러나 적어도 항론파는 퇴출되어야 한다는 사실에는 일반적인 동의가 있었다.

3. 항론파에 대한 응답서 작성 회기
: 1618년 1월 15일 ~ 1619년 5월 9일

항론파를 쫓아낸 이후에 항론파 문제에 대한 공식적인 응답을 마련하기 위한 새로운 절차가 진행되었다. 열아홉 대표단은 항론파의 저작물들로부터 추출한 그들의 5개 조항의 하나하나에 대한 판단서를 작성하여 제출해야 했다. 공적으로 회의가 진행되는 동안 쟁점이 되는 주제들에 대한 네덜란드와 국외의 많은 신학자들의 공식연설들이 진행되었다.

어떤 토론들은 비공개 회의로 진행되었다. 예를 들어 호마루스, 루베르투스, 스쿨테투스를 한 편으로 하고, 다른 편으로 영국과 브레멘의 대표로 구성된 두 진영이 모여 논쟁을 벌였다. 또 다른 비공개 회의는 1619년 3월 7일부터 21일 사이에 이루어졌다. 각 대표단이 작성한 [항론파의] 5개 조항에 대한 판단서를 크게 낭독하는 순서가 진행될 때였다.

이후 아홉 명의 도르트 신경 초안 특별위원회가 구성되었다.[14] 이 위원들이 작업하는 동안(1619. 3.25 ~ 4.16) 아무런 공적 회의도 개최되지 않았다. 신경은 일정한 구조를 따라 작성되었는데, 그것의 전체 구조는 1610년의 항론서 구조에 의해 결정된 것이었다. 각 장은 제일 먼저 개혁파의 교리적 진술을 제시하는 것으로 시작된다. 그 후에 항론파의 가르침에 대한 거절이 기술되었다. 1619년 4월 16일부터 18일 기간에 의회는 한두 개의 사항을 예외로 하고 도르트 신경의 최종안을 승인했다. 4월 23일 각 장에 대한 총회의 모든 회원들의 서명을 받았다.

같은 기간에 총회는 세 개의 치리건을 다루었다. 캄펜의 4명의 목회자들이 항론파적 견해 때문에 공직에서 퇴출된 것과 관련된 건, 두 번째로 요하네스 마코비우스(d.1644) 치리건, 셋째로 콘라드 보르스티우스와 관련된 문제를 처리했다. 요하네스 마코비우스는 폴란드 출신으로 프라네커 대학에서 가르쳤던 교수였다. 총회에 접수된 그에 대한 불만으로는 너무나 스콜라적인 방법론으로 가르친다는 것, 극단적 형태의 '타락전 선택설'을 주장하는 것, 그리고 단정치 못한 교수의 품행 등이 있었다. 이러한 문제들로 인해 그는 동료 교수였던 루베르투스와 심각한 갈등관계에 빠졌다.

---

14) 세 명의 회의 진행자들(moderamen)에 덧붙여진 회원들은 다음과 같다. 스쿨테투스(Scultetus), 디오다티(Diodati), 폴리안더(Polyander), 왈레우스(Waleus), 트리그란드(Trigland), 카예탄(Carleton). 초안 작성 과정에 대해서는 다음을 보라. Goudriaan and Van Lieburg, *Revisiting the Synod of Dordt*, 291-311.

마코비우스 건에 대해 총회는 엄중한 책망이면 충분하다고 결의했다. 또한 그의 동료와 화해할 것을 명했는데, 결국 화해를 위하여 수일에 걸친 대화가 이루어졌다. 보르스티우스의 건과 관련하여서는 총회의 대표들 사이에 일반적인 일치가 있었다. 즉 그의 교리가 항론파의 견해일 뿐만 아니라 섭리와 칭의에 대한 교리에서 그는 개혁파의 신앙고백들에 위배되는 내용을 가르쳤다는 사실에 의견을 같이했다. 결국 정치 당국은 총회의 결의를 확증한 후에 보르스티우스를 교수직에서 해임했다. 이후 그는 네덜란드를 떠나 독일로 가서 여생을 보냈다.

4월 말 총회는 벨직 신앙고백서의 교리를 검토한 후 이를 만장일치로 승인했다. 5월 1일, 하이델베르크 요리문답에 대해서도 동일한 과정을 통해 승인했다.

1619년 5월 6일, 모든 대표단과 외국 신학자들, 정부 대표단 그리고 많은 네덜란드와 외국 내빈들이 본회의로 소집되었다. 회의는 도르트의 대교회당(Grote Kerk)에서 개최되었다. 보거만 의장의 개회기도 후, 두 명의 서기가 도르트 신경을 작성된 그대로 큰 소리로 낭독했다. 의장의 연설과 기도로 회의는 폐회했다.[15]. 국제회의로서 총회가 공식적으로 폐회한 것은 1619년 5월 9일 목요일, 제154번째 회의에서였다. 정부 대표로 그레고리가 의회를 대표하여 감사 연설을 한 후에 해외대

---

15) *Acta*, sess. 154.

표들은 본국으로 돌아갔다. 물론 헤어지기 전에 풍성한 식탁이 마련되었고 해외대표들에게는 금메달이 선사되었다. 한편 네덜란드 대표들은 나중에 은메달을 수여받았다.

4. 중심회기 후 회기(Post-Acta Sessions)
: 1619년 5월 13~29일

1619년 5월 13일 오후, 총회가 속개되었다.[16] 이제 외국 대표단은 없었다. 그들은 오로지 항론파 문제를 다루기 위해 초청된 것이었다. 이 문제는 전체 개혁교회에 중요한 사안으로 비쳐졌기 때문이었다. 다른 교회 사안들은 국내 문제로 간주되었다. 도르트 신경을 기초하는 작업이 완수된 이후에도 총회는 다른 많은 의제들을 처리하는 일에 몰두해야 했다. 교회법과 예전 등에 관한 사안들에 대해 결의를 했다. 이제 회의는 네덜란드어로 진행되었고 더 이상 대중에게 공개되지 않는 비공개 회의로 전환되었다. [결의된 사항들은 다음과 같다.]

먼저 1586년 헤이그 회의의 교회법을 수정하여 승인했다. 이와 관련한 수많은 헌의들이 총회에 제출되었기 때문이다. 이에 관한 논의들의 최종적 결과로 제정된 것이 바로 도르트 교회법(Church Order of Dordt)이다. 이것은 이후 수세기 동안 권위 있는 문헌으로 남게 될 것이다. 총회는 이어 도르트 신경의

---

16) 5월 13일 아침, 요한 판 올덴바르네펠트는 헤이그에서 참수되었다.

네덜란드어 번역본을 공식 승인했다. 아울러 벨직 신앙고백서의 네덜란드어 및 프랑스어 번역본을 승인했다. 기타 여러 다양한 사안들이 검토되었다. 여기에는 주일성수, 직분 동의서 약서, 예식서 등이 포함되었다.

1619년 5월 29일 수요일, 총 180번째 회의를 끝으로 도르트 총회는 폐회했다. 클로베니에르스돌렌에서 짧은 기도를 드린 후에 모든 총회 회원들은 대교회당으로 옮겨 예배를 드렸다. 지역교회의 리디우스 목사가 이사야 12장 1-3절 말씀으로 설교를 했다. 보거만 의장과 정부 대표 뫼스 판 홀리의 감사연설이 있었다. 보거만 의장의 폐회기도 후 모든 참석자들은 서로 형제애를 나누는 악수를 교환한 후 헤어졌다. 이렇게 해서 총 육 개월 반 동안 진행되었던 총회는 완전히 폐회하였다. 1619년 7월 2일, 총회의 회의록이 의회에 의해 승인되었다. 1619년 7월 3일, 총회에 소환되었던 항론파들에게 모든 교회 활동을 그만둘 것을 약속하라는 명령이 취해졌다. 한 명을 제외한 모든 항론파는 이 명령을 거부했다. 그 결과 거부자들은 '선동가들'(perturbateurs)로 규정되어 금지령이 내려졌다. 결국 약 200명의 항론파가 공직에서 축출되었다.

VIII. 도르트 신경의 내용과 지위

한때, 개혁파 정통주의가 칼빈의 개혁주의 신학으로부터의 쇠퇴라고 생각하는 학자들이 있었다. 이러한 생각을 전제로 이들은 종종 도르트 총회를 이에 대한 예시로 간주했다. 즉 더 스콜라주의적이거나 엄격한 칼빈주의의- 혹은 둘 다- 표현이라고 생각했던 것이다. 그러나 최근의 학자들은 이러한 테제가 더 이상 지지될 수 없음을 보여주었다. 도르트 신경은 개혁파 신학 전반에 걸친 검토가 아니라 하나의 매우 특정한 관련 이슈들, 곧 예정론과 이와 관련된 쟁점들을 깊이 있게 정교화한 것일 뿐이다. 이것은 도르트 신경의 텍스트(판단서)를 보면 매우 확실해진다. 아울러 최근의 연구들은 쟁점이 되었던 사안들을 규정하는 도르트 신경의 공식적 표현들은 오히려 매우 신중하고 온건하였다는 사실에 동의한다.[17]

한편 과거에 이루어진 연구 가운데 다음과 같이 주장하는 테제가 있었다. 곧 도르트 회의가 개최되기 이전 개혁파 전통 안에는 두 개의 서로 다른 전통이 있는데, 하나는 불링거로 추적되는 언약신학의 전통이다. 다른 하나는 칼빈과 베자와 좀 더 일치하는 것으로서 하나님의 절대 주권을 내세워서 결과적

---

17) Milton, *British Delegation*, xliii; W. R. Godfrey, "Tensions within International Calvinism: The Debate on the Atonement at the Synod of Dort, 1618-1619," (Ph.D. diss., Stanford University, 1974), 268; Sinnema, "Issue of Reprobation," 448-450.

으로 예정을 강조하는 전통이다. 이러한 [두 전통] 이론이 잘못이라는 것은 다음의 사실에서 입증된다. 총회 기간 중 불링거에게 호소하는 항론파를 거절한 것은 다름 아닌 스위스 대표들이었다는 사실이다. 또한 [반항론파 입장을 지지했던] 스위스 대표 역시 불링거에게 호소했다. 결국 개혁파 내에 두 전통을 세우려는 시도는 지지받을 수 없었다는 것이 드러났다. 도르트 총회가 진정한 개혁파 전통(곧 언약신학)을 버렸다는 테제 역시 무너졌다.

도르트 신경은 총회 안에서 일치가 이루어졌음을 증언한다. 사실 이것은 매우 놀랄 만한 사실이다. 총회 안에 모인 수많은 신학자들은 서로 다른 견해들을 가지고 있었음에도 그들의 신학적 견해와 공헌을 토대로 이러한 일치를 이루어낸 것이다. 판단서의 내용은 다섯 개의 장들을 간단히 요약하는 방식으로 가장 쉽게 파악될 수 있다. 종종 두문자어 TULIP이 다섯 개 장들을 요약하는 데 사용되어 왔다.[18] 그런데 이 단어는 오로지 항론파의 다섯 개 조항에 대한 응답일 뿐이다. 또한 도르트 신경의 순서를 변경해서 잘못 제시한다는 사실, 그리고 도르트 신경이 매우 신중하게 표현한 내용을 왜곡하는 약점을 가지고 있음을 기억해야 한다.

---

18) 약어 TULIP은 다음의 내용을 표현한다. 전적인 부패(Total depravity), 무조건적 선택(Unconditional election), 제한 속죄(Limited Atonement), 불가항력적 은혜(Irresistible grace), 성도의 견인(Perseverance of the Saints) 등이다. 상기한 내용은 칼빈주의의 다섯 개 조항으로도 알려져 있다.

도르트 신경의 실제 순서에서 제일 첫 장은 하나님의 예정을 다룬다. 그리고 선택과 유기를 좀 더 정확한 표현으로 다루고 있다. [첫 장의] 주된 생각은 다음과 같이 서술될 수 있다. 모든 인간은 죄를 범하였고 영원한 사망을 받아 마땅하다. 하나님은 그의 아들을 보내 주셨다. 그리고 이후 복음 설교자들을 파송하셨다. 모든 사람들이 복음에 대해 믿음으로 반응하지 않는 이유는 하나님께서 모든 이에게 믿음을 주시지 않고 그가 선택한 자들에게만 믿음을 주시기로 결정하셨기 때문이다. 이것은 나머지 사람들은 그들의 상실된 상태 가운데 남겨져 있음을, 곧 유기되었음을 함의한다. 이러한 선택은 무조건적이고, 주권적이며 불변적이다.

두 번째 장의 주제는 그리스도의 죽음과 택자에 대한 구속이다. 하나님의 공의는 만족을 요구했고 그리스도는 모든 택자들을 위한 만족을 이루셨다. 이는 곧 [보편이 아닌] 제한적 특정 속죄를 의미한다. 그리스도께서 이루신 만족의 메시지는 반드시 설교되어야 한다. 이것에 대해 믿음으로 반응하지 않는 것은 그 사람의 죄책이다. 반면 믿음으로 반응하는 것은 하나님의 선물이다.

제3장과 제4장은 합쳐졌다. 이 장은 인간의 전적인 부패와 하나님께로 돌이키는 회심, 곧 오로지 유효하고 불가항력적인 은혜가 원인이 되어 일어나는 회심을 다루고 있다. 여기서는 왜 어떤 이들은 그리스도께로 나아오는 것을 거절하고 다른

이들에게는 그러한 회심이 일어나는지에 대한 이유가 설명되어 있다. 죄로 말미암아 인간은 그리스도를 [스스로] 믿을 수도 없고 믿으려고 의지하지도 않는다. 따라서 믿음이란 우리의 공로와 무관하게 받는 하나님의 은혜의 선물이다. 결국 중생은 하나님의 사역이다. 그럼에도 모든 인간은 복음에 반응해야 할 책임이 있다. 인간은 그저 가만히 있는 나무나 돌덩어리 같은 존재가 아니다. 이는 신자들 또한 반드시 은혜의 수단을 사용해야 한다는 사실을 의미한다.

마지막 장의 주제는 성도의 견인이다. 신자는 여전히 죄인으로 남아 있고 믿음을 끝까지 보존할 능력이 없다. 그러나 신자들은 결코 믿음에서 떨어져 나갈 수 없다. 왜냐하면 중생은 하나님, 그리스도, 그리고 성령의 사역이기 때문이다. 그러나 신자들은 여전히 하나님께서 은혜의 수단으로 주신 것들, 예를 들어 말씀과 성례를 사용하여 이러한 견인을 확신해야만 한다.

각 장의 끝에 항론파의 입장이 기술되어 있고 이에 대한 매우 세밀한 논박이 첨가되어 있다. 이 도르트 신경은 네덜란드 내 개혁교회들에 대한 공적인 구속력을 갖는다고 선언되었다. 또한 공직자들은 도르트 신경에 대한 동의를 구두와 서명으로 표현하도록 요구되었다. 도르트 신경은 벨직 신앙고백서와 하이델베르크 요리문답과 더불어 "하나 됨을 위한 세 개의 고백서 서식"으로 알려지게 되었다. "하나 됨의 고백서 서식"

이라는 어구는 루터파의 "일치신조"(1580)와 관련되어 있다. 이 시기 개혁파의 정황 속에서 [고백서] "서식(forms)"(네덜란드어로는 *formulieren*)이라는 단어는 보통의 경우 교회의 예전 서식뿐만 아니라 교회의 신앙고백에도 적용되었다. "일치"(네덜란드어로 *eenicheyt*)라는 단어는 고백서들이 가지고 있는 하나로 연합시키는 성격을 가리킨다. 교회의 일치는 이제 이 문서들에 확립된 가르침을 고수해야 하는 공동의 의무로 표현되었다.

IX. 도르트 신경의 기록역사

총회는 총회의 역사와 총회 소집에 이르기까지 진행된 모든 것들을 기록에 남기기로 결정했다. 그 결정의 주된 결과물은 페스투스 옴미우스[회의록 서기]에 의해 작성되고 출판된 회의록의 역사적 서문이다. 페스투스는 "반항론파"의 관점에서 기록했다. 이 때문에 1620년 항론파는 그들 버전의 회의록과 총회의 역사를 출판했다.[19] 양측의 관점으로부터 작성된 다른 출판물들은 이후에야 뒤따라 나올 수 있다. 그러나 양측

---

19) *Acta en Scripta Synodalia Dordracena Ministrorum Remonstrantium in Foederato Belgio*, (Harderwijk, 1620).

의 관점을 더욱 균형 있게 제시하고, 역사를 전체적으로 조망하는 연구물은 아직까지 저술되지 않았다.

참고 문헌

Karl Barth. Die Theologie der reformierten Bekenntnisschriften (1923). In Karl Barth, Gesamtausgabe, II. Akademische Werke 1923, (Zürich, 1998), 321-349.

W. A. den Boer. Duplex Amor Dei. Contextuele karakteristiek van de theologie van Jacobus Arminius (1559-1609). Apeldoorn, 2008.

Aza Goudriaan and Fred van Lieburg, eds. Revisiting the Synod of Dordt (1618-1619). Leiden: Brill, 2011.

Hendrik Kaajan. De Pro-Acta der Dordtsche Synode in 1618. Rotterdam: T. de Vries, 1914.

H. H. Kuyper. Post-Acta of Nahandelingen van de Nationale Synode van Dordrecht in 1618 en 1619 Gehouden. Amsterdam: Hoveker and Wormser, 1899.

Donald W. Sinnema. "The Issue of Reprobation at the Synod of Dort (1618-1619) in Light of the History of this Doctrine." Ph.D. diss., University of St. Michael's College, Toronto, 1985.

W. van 't Spijker, et al. De Synode van Dordrecht in 1618 en 1619, Houten, 1987.